Auxiliando a humanidade a encontrar a Verdade

Lembra-te de que os Bons Espíritos só dispensam assistência aos que servem a Deus com humildade e desinteresse, e que repudiam a todo aquele que busca, no caminho do Céu, um degrau para conquistar as coisas da Terra; eles se afastam do orgulhoso e do ambicioso. O orgulho e a ambição serão sempre uma barreira erguida entre o homem e Deus. São um véu lançado sobre as claridades celestes, e Deus não pode servir-se do cego para fazer com que compreendamos a luz.

São João Evangelista, Santo Agostinho, São Vicente de Paulo, São Luís, O Espírito de Verdade, Sócrates, Platão, Fénelon, Franklin, Swedenborg etc. (Mensagem de abertura de *O Livro dos Espíritos*)

A REENCARNAÇÃO DE ALLAN KARDEC

© 2017 – André Santos

A Reencarnação de Allan Kardec
Uma hipótese
André Santos

Todos os direitos desta edição reservados à
CONHECIMENTO EDITORIAL LTDA.
Rua Prof. Paulo Chaves, 276 – Vila Teixeira Marques
CEP 13480-970 – Limeira – SP
Fone/Fax: 19 3451-5440
www.edconhecimento.com.br
vendas@edconhecimento.com.br

Nos termos da lei que resguarda os direitos autorais, é proibida a reprodução total ou parcial, de qualquer forma ou por qualquer meio – eletrônico ou mecânico, inclusive por processos xerográficos, de fotocópia e de gravação – sem permissão por escrito do editor.

Revisão: Mariléa de Castro
Sueli Araújo
Projeto gráfico: Sérgio Carvalho
Ilustração da capa: Ademir Tosta Garcia

ISBN 978-85-7618-413-3
1ª Edição – 2017

• Impresso no Brasil • Presita en Brazilo

Produzido no departamento gráfico da
CONHECIMENTO EDITORIAL LTDA
conhecimento@edconhecimento.com.br

Dados Internacionais de Catalogação na Publicação (CIP)
Angélica Ilacqua CRB-8/7057

Santos, André
A Reencarnação de Allan Karde - uma hipótese / André Santos — Limeira, SP : Editora do Conhecimento, 2017.
138 p.

ISBN 978-85-7618-413-3

1. Espiritismo – História 2. Kardec, Allan, 1804-1869 3. Barsanulfo, Eurípedes (Espírito) I. Título

---

17-1330   CDD – 133.9

Índices para catálogo sistemático:
1. Espiritismo 133.9

André Santos

A Reencarnação de Allan Kardec

Uma hipótese

1ª edição
2017

Ao Pai Criador,
Ao professor Eurípedes,
Ao Mestre Allan Kardec,
Às correntes educacionais de Sacramento,
À corrente de Santa Maria,
Às correntes educacionais da Nova Era,
Aos grandes Avatares, Jesus, Buda, Krishna, Ramakrishna,
Ao médium João de Deus e à Casa de Dom Inácio,
À Mestra Tala,
Às Correntes Orientais e aos Mestres Ascensionados,
À toda a minha família,
Minha eterna gratidão!

Dedico este livro ao meu amado SEBAC e à Sagrada Corrente de Umbanda, que me acolhe, me guia, me ensina, me fortalece e me cuida.
Aos sagrados Orixás e Protetores,
São Jorge, Santo Expedito, santos guerreiros e lutadores: "O teu cavalo corre, mas ninguém vê!".
Índios, Caboclos e Pretos-velhos do nosso amado Brasil,
Uma humilde homenagem deste teu filho de fé.
Aqui retorno a flor que recebi há muito tempo atrás,
Possa ela perfumar o coração de muitos.

Professor dedicado às crianças da Nova Era que já estão aqui,
Que terão antes de tudo a tolerância, a coragem, a inteligência e a energia necessárias para a grande mudança.
Elas vieram para demolir o mundo dos preconceitos e da intolerância
Sagrada Rainha do Mar, mãe Iemanjá
Força das águas e da vida
Ajuda-me para que eu possa sempre ajudar os outros
Mestre Allan Kardec, e sua falange de educadores,
Curvo-me diante de todos e humildemente, agradeço

André Santos

Sumário

Introdução.. 11

1. Ensaio do retorno.. 22
   Notícias de uma nova encarnação............................. 23
   Fatos e conclusões de importância........................... 29

2. As vidas sucessivas de Kardec................................... 32
   O druida.. 33
   Marcos.. 36
   Rufus.. 39
   Jan Huss.. 39
   Johann Kaspar Lavater... 40
   Hippolyte Léon Denizard Rivail................................ 54
   Comentários... 57

3. Eurípedes Barsanulfo: Um dos expoentes do espiritismo
   no país... 67
   Um homem à frente de seu tempo............................. 67
   A conversão... 72
   O colégio Allan Kardec.. 80
   Alguns relatos sobre Eurípedes............................... 84
   Atividades diárias de Eurípedes............................... 85
   O processo criminal.. 93
   A visita de Jesus e as entidades protetoras................ 97
   As tentativas de morte contra Eurípedes.................... 99
   O donatista.. 102

O debate contra o padre... 103

4. Obras de Eurípedes 107

5. Hospital Espiritual Esperança....................................... 111

6. Colônia espiritual de Eurípedes Barsanulfo.................... 124

Conclusão... 130

Referências.. 137

Introdução

Estamos entrando em terreno proibido: a reencarnação de Allan Kardec.

Kardec deixou anotações nas quais o Espírito da Verdade e alguns outros espíritos lhe comunicavam que ele teria de voltar, reencarnado em outro corpo, para completar o que havia começado. O próprio Kardec calculou a data provável de sua volta.

Ou Kardec reencarnou ou ele e o Espírito da Verdade se enganaram, o que ainda não aconteceu em nenhum ponto. Nada foi ainda desmentido na Codificação.

Mas... Por que ele voltaria? O que restava ainda a fazer? Completar a sua obra? De que maneira? Se Kardec e o Espírito da Verdade não erraram, ele voltou.

Quem foi ele? Chico Xavier? Não! As datas não batem.

Kardec nunca disse que nasceria no começo do século e, sim, que estaria desempenhando um papel no mundo no começo do século.

Mas, então, quem poderia ter sido? E o que fez?

Para nós, espíritas, a sua volta é da mais profunda importância, pois, se ele veio completar o seu trabalho, essa sua encarnação deveria nos mostrar o rumo que o próprio Kardec gostaria que o espiritismo seguisse.

Alguns acham que os principais "médiuns" já deveriam ter revelado quem foi Kardec. Será que os médiuns e os espíritos estão aí para que nós não precisemos mais utilizar nosso cérebro e nossas faculdades de raciocínio?

Se bem me lembro, segundo Kardec, uma teoria deve primeiramente ser apresentada e depois confirmada ou não pelos mais confiáveis espíritos e médiuns.

Muitos dizem que seria fácil identificá-lo: Kardec voltaria para "liderar" o espiritismo. Ou seja, a nossa visão está ofuscada. Estamos procurando no palácio e não na manjedoura. Estamos procurando um líder e não um servo.

Alguns optam por deixar Kardec em um pedestal inatingível, que ele mesmo nunca quis. Outros preferem não saber, porque talvez isso levasse o espiritismo para a rota realmente traçada e idealizada por Kardec.

Sempre nutri certa desconfiança com relação aos livros que contam o que ou quem tal espírito foi em suas vidas passadas. Mas, como a vida sempre nos leva a fazer aquilo que a gente afirma: "Eu? Nunca!", peguei-me com a vontade de escrever um livro sobre a nova encarnação de nosso muito amado mestre Allan Kardec, predita já em *Obras Póstumas* (KARDEC, 2005a).

Muitas pessoas afirmam que o nosso querido Chico Xavier foi a reencarnação de Kardec. Em respeito a essas duas grandes personalidades e apóstolos do espiritismo, cada um a seu modo, é que resolvi escrever este livro, não para mostrar quem Kardec foi, mas para apresentar alguns fatos e deixar o leitor julgar por si mesmo se concorda ou não com a minha teoria. O meu objetivo não é propor uma visão dogmática, mas apresentar uma possibilidade.

Não acredito que Chico Xavier tenha sido a reencarnação de Kardec. Segundo Divaldo Franco, Chico e Kardec têm "tipos" psicológicos bem diferentes. Mas acho provável Kardec ter reencarnado no Brasil, pois somos o maior país espírita do mundo. Entretanto, se o Codificador reencarnou no Brasil, só uma pessoa se encaixa no perfil de Kardec: Eurípedes Barsanulfo.

O espírita brasileiro, em sua maioria, desconhece os detalhes da vida de Eurípedes, que foi, sem dúvida, o maior dos médiuns, além de missionário e educador. Assim, eu me proponho a levar o leitor a conhecer melhor o nosso Eurípedes e julgar por si mesmo se ele poderia ter sido Kardec ou não.

Só para o leitor ter uma ideia, o próprio Jesus veio consolar Eurípedes em uma época de grandes provações – sim, o Mestre.

Eurípedes, com sua humildade, quase não acreditou. Chico Xavier nunca disse que Jesus veio visitá-lo. Pelo menos, disso não se tem notícia. De Eurípedes, Chico disse: "Escrever sobre a vida de Eurípedes seria quase o mesmo que fazer a biografia de Jesus" (NOVELINO, 2001).

Em *O Livro dos Espíritos*, os três primeiros espíritos que

A Reencarnação de Allan Kardec

assinam são (nesta ordem):

– São João Evangelista: o primeiro espírito a se comunicar com Eurípedes, atendendo ao seu chamado. Quem pensaria em chamar São João Evangelista? Nem Chico pensaria nisso.

– Santo Agostinho: um dos responsáveis mais diretos pela Codificação e assíduo colaborador de Eurípedes, juntamente com Bezerra de Menezes.

– São Vicente de Paulo: um dos nomes de vulto que muito colaborou na Codificação, revelou a Eurípedes que era seu guia espiritual. Notem que a característica mais marcante de São Vicente de Paulo é a humildade! E não é essa a maior característica de Kardec e também de Eurípedes?

> Lembra-te que os bons espíritos só dispensam assistência aos que servem a Deus com humildade e desinteresse e que repudiam todo aquele que procura no caminho do Céu um degrau para conquistar as coisas da Terra; eles se distanciam dos orgulhosos e ambiciosos. O orgulho e a ambição serão sempre uma barreira entre o homem e Deus; são um véu lançado sobre as claridades celestes, e Deus não pode se servir do cego para fazer compreender a luz.
>
> São João Evangelista, Santo Agostinho, São Vicente de Paulo, São Luís, O Espírito da Verdade, Sócrates, Platão, Fénelon, Franklin, Swedenborg etc., etc. (KARDEC, 2004, p. 71).

Todos esses espíritos superiores trabalhavam na falange do Espírito da Verdade, com Kardec, apenas alguns anos antes de Eurípedes nascer. E mais, o próprio Eurípedes recebeu, certa feita, uma mensagem de Maria, mãe de Jesus.

Em uma das sessões mediúnicas na Fazenda Santa Maria, Eurípedes roga mentalmente o esclarecimento para suas dúvidas acerca das bem-aventuranças e que estas pudessem ser esclarecidas pelo Apóstolo João, o Evangelista. A resposta lhe é dada através de um médium semianalfabeto, em linguagem sublime.

Esse fato, por si só de suma importância, já daria grande probabilidade de Eurípedes ser Kardec. Some-se a isso o fato de que Eurípedes nasce "alguns anos depois de Kardec desencarnar", exatamente como predisse o Espírito da Verdade, e teremos uma grande chance de essa probabilidade ser verdadeira.

Todos sabem que a árvore espírita foi transplantada para o Brasil. E não foi dito a Kardec que ele renasceria e veria a sua obra em plena frutificação?

Não adicionaremos nada de novo ao contido nas obras publicadas sobre Eurípedes ou Kardec, porque são trabalhos de pesquisa muito bem feitos. Inclusive, a nossa intenção é que o leitor procure essas obras depois de ler este livro. Usaremos esses materiais e outros reunidos aqui e ali, para tentar provar ao leitor nosso ponto de vista. E qual seria a utilidade deste livro então?

A primeira é a de que se o Codificador deixou anotações de que voltaria, então, alguma utilidade deve ter identificar quem ele foi, ou, pelo menos, quem não foi. Mas vocês hão de

A Reencarnação de Allan Kardec

concordar comigo – espero –, lendo a vida de Eurípedes, que, se ele foi Kardec, ele veio como Eurípedes para exemplificar tudo o que escreveu em todos os seus livros. Como afirmou um discípulo de Eurípedes em um documentário[1] sobre a sua vida: "Eurípedes tinha todas as mediunidades descritas em *O Livro dos Médiuns*" (KARDEC, 2005b).

O mestre Kardec reencarnava agora para dar o exemplo e, segundo as palavras dos espíritos, completar o que havia começado e abrir o caminho e o roteiro da mediunidade e do espiritismo evangélico, de serviço e de caridade no Brasil, a "Pátria do Evangelho". Não poderíamos esperar nada diferente desse grande espírito, porque, acima das inquirições da ciência e da filosofia, que são partes importantes dentro do espiritismo, não podemos nos esquecer das palavras de São Vicente de Paulo:

> A caridade é, em todos os mundos, a eterna âncora de salvação; é a mais pura emanação do próprio Criador; é a sua própria virtude, dada por ele à criatura. Como desprezar essa bondade suprema? Qual o coração, disso ciente, bastante perverso para recalcar em si e expulsar esse sentimento todo divino? Qual o filho bastante mau para se rebelar contra essa doce carícia: a caridade? (KARDEC, 2013, p. 187).

É pela caridade que muitos são gratos ao espiritismo e se tornaram soldados e trabalhadores dessa falange do Espírito

---

[1] Com apresentação e narração do ator Lima Duarte, "Eurípedes Barsanulfo – educador e médium", o documentário mostra a trajetória de um dos maiores nomes da educação e do espiritismo no Brasil: Eurípedes Barsanulfo (1880-1918). Disponível em: <*https://archive.org/details/Euripedes.Barsanulfo*>.

da Verdade. Quando a um espírito sofredor é prestado socorro; quando espíritos obstinados no mal observam seus entes queridos sendo protegidos das maldades humanas; quando são proporcionados, graças ao trabalho anônimo desses espíritos de luz, reencontros sublimes no Astral e na Terra; quando é dado a um espírito vir falar com o filho ou parente e lhe dar conselhos, através da caridade dos médiuns psicofônicos, psicográficos; quando é dado a um espírito sofredor ser esclarecido, encaminhado e medicado; quando muitos aqui na Terra são libertos de dolorosas obsessões, de doenças consideradas incuráveis e de irmãozinhos menos esclarecidos que oprimiam o seu livre-arbítrio e as suas faculdades de espírito livre, meus irmãos, muitos desses não vão se esquecer do benefício recebido!

Claro está que Kardec queria mostrar aos homens e aos médiuns, na prática, o que deve fazer o homem com o espiritismo e o que essa doutrina pode fazer pelo homem. Entre os biógrafos de Kardec, um afirma que o mestre era mais científico; outro, que era mais religioso, e sempre haverá disputa de palavras.

Se Chico jamais respondeu se ele era Kardec ou não, deve ser porque ele teria de responder a próxima pergunta: "Se não é você, quem foi Kardec, então?". E pode ser que o mundo não estivesse preparado para saber quem era Eurípedes, inclusive por causa dos muitos parentes encarnados na época.

Talvez Chico se calasse por caridade, ao ouvir algo tão

sem sentido, carecendo totalmente de averiguação e raciocínio. Divaldo Franco também nunca falou a respeito. Talvez isso deva vir de raciocínio e investigação, e não de revelações dos médiuns.

Claro está que qualquer um que estude a vida de Eurípedes verá que ele se encaixa perfeitamente no perfil de Kardec. Alguns dirão que é impossível, porque ele foi um "médium". Será que Kardec considerava a mediunidade como coisa de "espírito inferior"? Alguns devem achar isso, porque dizem que, se Kardec retornasse como médium, ele teria "regredido".

O próprio Eurípedes responde a isso: "Ambicionará o médium cristão espírita o império das consciências? Pelo passageiro prazer da expansibilidade do egoísmo, do orgulho, da vaidade terrenos? Esqueceram-se de que quem se humilha se exalta?".

E eu contribuo com as palavras de Jesus: "Quem quiser tornar-se grande, torne-se vosso servidor; quem quiser ser o primeiro, seja vosso servo". (Mateus, 20:26-7).

Infelizmente, muita gente parece não pensar assim. Queriam ainda e sempre ver Kardec reencarnando para liderar o movimento espírita. Não aconteceu o mesmo com Jesus? Os judeus não esperavam um poderoso chefe material? Que decepção quando viram um pobre carpinteiro pregando o amor e a humildade, fazendo curas, e ainda se dizendo o Enviado, O Messias. Ele, que não tinha "uma pedra onde repousar a cabeça", segundo suas próprias palavras.

Todas as pessoas que eu ouvi dizerem ser impossível Kardec voltar e ser um médium eram "dirigentes" ou pessoas ocupando "cargos" de comando. Acredito que todo médium ativo ficará feliz de saber que Kardec voltou atuando na mediunidade, até porque carecem roteiros e exemplos vivos nessa área, para que gravemos em nosso cérebro e coração os melhores caminhos a seguir. Nós, médiuns, quase todos, somos espíritos que falimos nos nossos compromissos em vidas anteriores, como disse Emmanuel, e que voltamos agora, tentando, através da mediunidade, resgatar nossas passadas faltas. Como é bom contar com um exemplo vivo, de mediunidade segura e atuante com Jesus, através do exemplo do próprio mestre. Kardec não nos deixaria órfãos nesse sentido. Que bom seria saber que ele não só escreveu como também veio dar o exemplo de tudo o que disse.

Eurípedes ajudava e curava inclusive os inimigos confessos da doutrina e nunca uma palavra de orgulho saiu de sua boca por isso. Nunca pediu que alguém se tornasse espírita, mas que seguissem a religião que quisessem, ou seja, nunca impôs sua verdade a ninguém. Diga-se, a bem da verdade, que muitos se tornaram espíritas devido à sua ajuda. Muitos não se tornaram espíritas, mas todos que foram ajudados por ele sempre devotaram profundo respeito à sua memória.

Talvez isso não tivesse de ser revelação de médiuns, porque "o bom senso encarnado", segundo Flammarion, o educador, cientista e pensador profundo Allan Kardec queria que usássemos nosso raciocínio, ao invés de esperarmos, comodamente sentados, as revelações vindas do Alto.

Flammarion, coincidência ou não, era o espírito-guia de Heigorina Cunha, sobrinha de Eurípedes Barsanulfo, segundo revelação de Chico Xavier. Ele usava o pseudônimo de Lucius e ajudou Heigorina em seus dois livros – *Imagens do Além* (LUCIUS, 1994) e *Cidade no Além* (LUIZ; LUCIUS, 1999) –, que trazem desenhos inéditos da cidade espiritual Nosso Lar.

Talvez Kardec, com sua acuidade mental, já previsse a comodidade mental, a intransigência e a incapacidade de pensar "fora da caixa", além das ideias preconcebidas que acometiam muitos.

Apenas alguns anos depois de Kardec desencarnar, João Evangelista, Santo Agostinho, São Vicente de Paulo, Maria Santíssima, o Mestre Jesus, Ismael, Flammarion e muitos outros subitamente "aterrissam" em Sacramento.

E o mais estranho: justamente com alguém que realiza o "sonho" de Kardec: uma educação espírita. Alguém que fala francês fluentemente, que é um educador nato, com traços pestalozianos sem nunca ter conhecido ou estudado Pestalozzi e que ministra as mesmas matérias que Kardec ensinava na França, as quais aprendera "sozinho".

Tenho absoluta certeza de que este material não trará prejuízo a ninguém, bem como não tenho a intenção de levantar polêmica. Conhecer melhor a vida de Kardec e Eurípedes, assim como ler as outras obras citadas aqui, só pode trazer benefício a qualquer pessoa, independentemente de concordar ou não com a teoria do autor, que não passa, por enquanto, de uma simples opinião pessoal, sem muito valor, comparada com a vida e a exemplificação desses missionários da luz que foram Kardec e Eurípedes.

1. Ensaio do retorno

Para quem não conhece a história, Kardec deixa em seus escritos pessoais, que foram publicados postumamente, o registro de duas previsões sobre a sua futura encarnação, a qual se daria não muito tempo depois de sua morte. Já a terceira previsão foi comunicada pelo Sr. Demeure, amigo de Kardec, médico desencarnado, que afirma que Kardec deve retornar "logo" para completar sua obra.

Este é o ponto de onde partimos: ou Kardec reencarnou ou os espíritos superiores se enganaram. Se Kardec iria reencarnar "logo", toda uma estrutura estaria sendo desenvolvida em outro lugar, com Kardec ainda vivo, porque seria improvável que um missionário de sua estatura viesse sem suporte.

Além disso, Kardec nunca afirmou que poderia nascer no começo do século e, sim, que, nessa época, ele já teria idade suficiente para desempenhar um papel no mundo, ou seja, no final dos anos 1800 ou começo dos 1900 ele seria senão um homem, pelo menos um jovem.

Eurípedes, em 1900, já tem vinte anos e algumas obras realizadas. Inclusive, já atendia à comunidade de Sacramento, tanto ricos quanto pobres, por meio de sua farmácia homeopática gratuita, e isso sem ter ainda despertado para a sua missão espírita. Não foi assim com Bezerra de Menezes também? Qual o espírita, hoje, que em momento de aflição não clama pela assistência do "médico dos pobres"? Bezerra foi conhecer o espiritismo com 44 anos de idade. Já tinha muitas obras atrás de si, atestando a elevação de seu espírito.

Notícias de uma nova encarnação

A primeira notícia de uma nova encarnação de Kardec ocorreu em 17 de janeiro de 1857, na casa do Sr. Baudin, através da médium Srta. Baudin:

> O Espírito prometera escrever-me uma carta por ocasião da entrada do ano. Tinha, dizia, qualquer coisa de particular a me dizer. Havendo-lha eu pedido numa das reuniões ordinárias, respondeu que a daria na intimidade ao médium, para que este ma transmitisse. É esta a carta:
> "Caro amigo, não te quis escrever terça-feira última diante de toda a gente, porque há certas coisas que só particularmente se podem dizer.
> [...]
> "Mas, ah! a verdade não será conhecida de todos, nem crida, senão daqui a muito tempo! Nessa existência não verás mais do que a aurora do êxito da tua obra. Terás que voltar, **reencarnado noutro corpo**, para completar o que houveres começado e, então, dada te será a satisfação de ver em plena frutificação a semente que houveres espalhado pela Terra. [...]". (KARDEC, 2005a, p. 354-5, grifo do autor).

A Reencarnação de Allan Kardec

É interessante esta afirmação: para completar o que houveres começado. Como o Codificador poderia completar o que começou? Escrevendo mais livros? Ora, me desculpem, mas as obras básicas ainda estão longe de ser entendidas e apreciadas mesmo por quem estuda o espiritismo. Voltar e escrever ou mesmo reescrever alguma coisa seria admitir que houvesse erros na Codificação, que os espíritos superiores se enganaram em alguns pontos? Que mudaram de opinião dez, vinte, trinta anos depois? Difícil admitir que Kardec viesse a escrever novamente. Isso falaria contra a obra dos espíritos superiores, porque a obra não é dele, mas dos "guias da humanidade".

Tudo o que veio posteriormente foi complemento e desenvolvimento da obra da Codificação, mas está tudo ali. Coisas que agora estão na moda, como "expurgo planetário", "nova geração de crianças"? Sim, estão lá, em *A Gênese* (KARDEC, 1976) e em *Obras Póstumas* (2005a). Livros que foram ditados pelo espírito André Luiz, por exemplo, desenvolvem vários temas, completam e dão informações, mas é interessante notar que de tudo Kardec fala um pouco, sucintamente, até por questões de evolução. Naquela época, as pessoas não estavam preparadas para informações a respeito, por exemplo, de cidades astrais.

Kardec viria agora, como Eurípedes, não para escrever, como querem alguns que acham que isso prova que Chico foi Kardec, mas dar o exemplo, mostrar na prática como deveria se portar e agir um verdadeiro espírita e médium. Eurípedes foi o primeiro espírita a fundar um colégio espírita onde se estudava o espiritismo codificado por Kardec. Difícil achar que Kardec confiaria essa missão a outro, ele que, como Jan Huss, fora reitor de uma universidade, e, como Kardec, pedagogo e educador. E se Kardec haveria de ver o seu trabalho em plena frutificação, seria no Brasil e não mais na França.

Aliás, Chico Xavier conta que mais de vinte milhões de franceses simpáticos às ideias de Kardec renasceram no Brasil, para dar suporte à missão de divulgação e implantação do espiritismo em terras brasileiras.

A segunda notícia referente à volta de Kardec se deu em 10 de junho de 1860, em sua casa, através da médium Sra. Schmidt:

> *Pergunta* (à Verdade) – Acabo de receber de Marselha uma carta em que se me diz que, no seminário dessa cidade, estão estudando seriamente o Espiritismo e *O Livro dos Espíritos*. Que se deve augurar desse fato? Será que o clero toma a coisa a peito?
>
> *Resposta* – Não podes duvidar disso. Ele a toma muito a peito, porque lhe prevê as consequências e grandes são as suas apreensões. Principalmente a parte esclarecida do clero estuda o Espiritismo mais do que o supões; não creias, porém, que seja por simpatia; ao contrário, é à procura de meios para combatê-lo e eu te asseguro que rude será a guerra que lhe fará. Não te incomodes; continua a obrar com prudência e circunspeção; tem-te em guarda contra as ciladas que te armarão; evita cuidadosamente em tuas palavras e nos teus escritos tudo o que possa fornecer armas contra ti.

Prossegue em teu caminho sem temor; ele está juncado de espinhos, mas eu te afirmo que terás grandes satisfações, antes de voltares para junto de nós "por um pouco".

P. – Que queres dizer por essas palavras: "por um pouco"?

R. – Não permanecerás longo tempo entre nós. Terás que volver à Terra para concluir a tua missão, que não podes terminar nesta existência. Se fosse possível, absolutamente não sairias daí; mas, é preciso que se cumpra a lei da Natureza. **Ausentar-te-ás por alguns anos** e, quando voltares, será em condições que te permitam trabalhar desde cedo. Entretanto, há trabalhos que convém os acabes antes de partires; por isso, dar-te-emos o tempo que for necessário a concluí-los.

NOTA – Calculando aproximadamente a duração dos trabalhos que ainda tenho de fazer e levando em conta o tempo da minha ausência e os anos da infância e da juventude, até à idade em que um homem pode desempenhar no mundo um papel, **a minha volta deverá ser forçosamente no fim deste século [1800] ou no princípio do outro [1900]**. (KARDEC, 2005a, p. 363-4, grifo nosso).

Kardec desencarna em 1869 e Eurípedes Barsanulfo nasce a 11 de maio de 1880 (onze anos depois: "antes de voltares para junto de nós 'por um pouco'", disseram os espíritos). Em 1902, ele funda o Liceu Sacramentano e, em 1904 – ou seja, no começo do outro século –, com 24 anos, tem início a revelação da missão de Eurípedes pelos espíritos superiores, como São João Evangelista, São Vicente de Paulo e Santo Agostinho. Note-se que esses espíritos trabalharam diretamente com Kardec na Codificação. Claro que, bem an-

26   André Santos

tes de 1904, Eurípedes, da mesma maneira que Kardec, já trabalhava ativamente pela educação de todos à sua volta.

Chico Xavier nasce em 1910 e só vai usar sua mediunidade de serviço com 18 anos, ou seja, em 1928, data já longe do "começo do século" estipulada pelo Codificador. Das duas uma: ou Kardec reencarnou antes disso ou ele e o Espírito da Verdade se enganaram nas datas.

Nada foi desmentido ainda na Codificação e não seria sobre a próxima reencarnação de Kardec que os espíritos superiores se enganariam, porque, supondo que ele voltaria dentro de alguns anos, toda uma estrutura já teria de estar montada para essa volta: lugar, avós, pais, família, soldados encarnados que iriam secundar sua missão (em nossa teoria, Sinhô Mariano e os notáveis médiuns de Santa Maria, que foram sempre a equipe de apoio e sustentação para a missão de Eurípedes, além de outras personagens de importância, como Frederico Peiró e Cairbar Schutel), tudo isso já estaria sendo desenvolvido em outro lugar do planeta, muito antes da morte de Kardec.

Ou seja, os espíritos, para quem o espaço e a distância nada representam, não estavam fazendo uma previsão do "futuro", mas relatando um "fato" a Kardec.

O terceiro anúncio da reencarnação de Kardec foi feita pelo Sr. Demeure, médico homeopata que abraçara com ardor a doutrina espírita e cujo falecimento ocorrera em 26 de janeiro de 1865:

Relações de mútua e viva simpatia se haviam estabelecido entre nós, correspondendo-nos. Soubemos do seu decesso a 30 de janeiro, sendo que o nosso imediato desejo foi evocá-lo. Em seguida reproduzimos a comunicação obtida no mesmo dia: "Aqui estou. Ainda vivo, assumi o compromisso de manifestar-me desde que me fosse possível, apertando a mão do meu caro mestre e amigo Allan Kardec."
[...]
As duas comunicações seguintes, dadas em data de 1º e 2 de fevereiro, dizem respeito à enfermidade de que fomos acometidos na ocasião. Posto que de caráter pessoal, reproduzimo-las como provas de que o Dr. Demeure se mostrava tão bom como Espírito, quanto o fora como homem.
[...]
"Sou eu, Demeure, amigo do Sr. Kardec. Venho dizer-lhe que o acompanhava quando lhe sobreveio o acidente. Este seria certamente funesto sem a intervenção eficaz para a qual me ufano de haver concorrido. De acordo com as minhas observações e com os informes colhidos em boa fonte, é evidente para mim que, quanto mais cedo se der a sua desencarnação, tanto mais breve reencarnará para completar a sua obra. É preciso, contudo, antes de partir, dar a última demão às obras complementares da teoria doutrinal de que é o iniciador. (KARDEC, 2005c, p. 244, 245, 246, grifo nosso).

Aqui concordamos com o que disse o médium Bacelli, apesar de discordar da tese de que ele seja Chico Xavier. Ou Kardec reencarnou ou o Espírito da Verdade e o Dr. Demeure se enganaram. Kardec, certamente, voltou, e tentamos demonstrar que há muito mais chances de que ele tenha sido Eurípedes Barsanulfo do que Chico Xavier.

Fatos e conclusões de importância

Primeiramente, devemos observar que Kardec afirmou, claramente, que reencarnaria: "[...] levando em conta o tempo da minha ausência e os anos da infância e da juventude, até à idade em que um homem pode desempenhar no mundo um papel, a minha volta deverá ser forçosamente no fim deste século ou no princípio do outro [...]" (KARDEC, 2005a; p. 364; grifo nosso). Por que as pessoas não leem essa parte que eu grifei? Ninguém lê ou todos parecem ignorar essa parte. Isso nos leva ao fim dos anos 1800 ou ao começo do século seguinte.

Ora, o princípio do século seguinte seria, no máximo, 1905, 1910. Chico Xavier nasce em 1910, mas só vai exercer sua mediunidade com dezessete, dezoito anos, o que nos leva a 1927, 1928, datas já longe da estipulada pelo Codificador. Só pela data, Chico já está excluído.

Eurípedes, entretanto, preenche os requisitos, porque nasce em 1880 e sua missão espírita ou a revelação de sua missão pelos espíritos superiores se dá em 1904, ou seja, no começo do século, quando contava 24 anos! Claro que Eurípedes já atuava pela educação em Sacramento. Era monitor de escola aos 14 anos e ensinava os alunos menos adiantados que ele – isso em 1894, final do século, preenchendo plenamente, nos dois casos, a previsão de Kardec. Eurípedes, em sua pedagogia, lembrava muito os métodos de Pestalozzi, sem, entretanto, ter estudado sua didática. Coincidência?

Rivail, apesar de poucos saberem, foi diretor, ou se envolveu, com teatro em Paris por algum tempo. Eurípedes, por sua vez, criou um grupo de teatro com 13 anos de idade. Finalmente, Rivail, apesar de toda a sua competência como professor e do apoio e suporte dos espíritos superiores, passou por sérias dificuldades financeiras e teve de assumir a contabilidade de três casas comerciais para garantir o seu sustento. A que se deve isso?

Eurípedes, ainda adolescente, também trabalha fazendo a contabilidade da casa comercial de seu pai.

Com essa prova no campo financeiro, Kardec preparava-se para a encarnação futura como Eurípedes, em um lugar bem mais rude e pobre do que a França, em uma época em que os professores eram mal remunerados e aonde Kardec iria novamente usar seus conhecimentos das ciências exatas para garantir o seu sustento.

Léon Denis, em seu livro *O Gênio Céltico e o Mundo Invisível* (2008), registra as comunicações do espírito de Kardec a ele em 1925:

> Com efeito, é devido à incitação do espírito de Allan Kardec que eu realizei este trabalho. Aí encontrarão a série de mensagens que nos foram ditadas por incorporação, em condições que excluem qualquer fraude. Durante estas entrevistas, Espíritos libertos da vida terrestre trouxeram os seus conselhos e os seus ensinamentos.
>
> [...]
>
> Então, ao se aproximar o Congresso de 1925, foi o grande Iniciador, ele mesmo, que veio nos cer-

tificar de seu concurso e nos esclarecer com seus conselhos. Atualmente ainda é ele, Allan Kardec, quem nos anima a publicar este estudo sobre o gênio céltico e a reencarnação, como se poderá verificar pelas mensagens publicadas mais adiante.

Se Allan Kardec esteve visitando e prestando o seu concurso a Léon Denis por meio da incorporação em 1925/1926, Eurípedes já havia desencarnado havia sete anos, em 1918.

Se Denis recebeu outras mensagens de Kardec antes dessa data, ao tempo que Eurípedes estava encarnado, ou mesmo outros médiuns, isso não deve nos surpreender. Se Eurípedes fazia operações e partos a distância, bem como acompanhava o que estava acontecendo muito longe dele, fácil lhe seria manifestar-se em qualquer lugar que desejasse.

Outro fato curioso é que a criação do Hospital Espiritual Esperança, instituição astral que atende a médiuns falidos, criada por Eurípedes, começou a ser erguida no mundo espiritual em meados de 1930, segundo psicografia de Divaldo Franco. Se Eurípedes foi Kardec, ele estava dando assistência a Denis na França até 1926, pelo menos, segundo informações do próprio Léon Denis.

A Reencarnação de Allan Kardec

2. As vidas sucessivas de Kardec

Já foi revelado por espíritos superiores a Rivail que ele teria sido Jan Huss e o druida Allan Kardec.

Eurípedes teria sido Lavater em uma encarnação passada (revelação de Emmanuel a Chico Xavier) e também o adolescente Marcos.

Emmanuel (1953) revela, em *Ave, Cristo!*, que Eurípedes era o soldado Rufus no terceiro século da era cristã.

Este será o nosso ponto de partida. Vocês notarão que nenhuma dessas encarnações desmerece ou desqualifica Eurípedes como sendo Kardec ou vice-versa. Antes, a meu ver, ressaltam de todas elas a personalidade firme e a fé inabalável de Kardec.

Como druida, era sacerdote, educador, preparando-se ativamente para a missão espírita; como Marcos, ele foi o primeiro a morrer por Cristo, muito antes de Estevão; como Rufus, ele novamente é sacrificado por não renunciar à fé cristã; como Jan Huss, era reitor da Universidade de Praga e morre na fogueira por Cristo; como Lavater, também dá testemunho do Senhor, além de ser um precursor da doutrina espírita; como Rivail-Kardec, eminente educador, e restaura o Cristianismo; como Eurípedes, além de magnífico educador e professor, e o primeiro espírita a fundar uma escola espírita com orientação kardecista, vem seguir de perto as pegadas do Cristo, em uma vida de trabalho e exemplificação da verdade e da mediunidade sublime.

O druida

Segundo informações da médium que revelou a Kardec que ele havia sido um druida, ele estava reencarnado quando Júlio César governava as Gálias (58-44 a.C.).

Quem eram os druidas? O que melhor se pode dizer é que eles foram membros de uma elevada estirpe de celtas que ocupavam o lugar de juízes, doutores, sacerdotes, adivinhos, magos, médicos, astrônomos etc. Mas, evidentemente, não constituíam um grupo étnico dentro do mundo celta. Eram, também, grandes conhecedores da ciência dos cristais.

A palavra 'druida' é de origem céltica e, segundo o historiador romano Plínio – o Velho, está relacionada a carvalho, uma árvore sagrada para eles.

Desde que o povo celta não usava a escrita para transmitir seus conhecimentos, após o domínio do cristianismo perdeu-se muito das informações históricas daquela maravilhosa civilização e especialmente das que a precederam desde o fim da Atlântida, exceto aquilo que permaneceu zelosamente guardado nos registros de algumas ordens iniciáticas, especialmente a céltica e a druídica. Por isso, muito da história dos druidas até hoje é um mistério para os historiadores oficiais; sabe-se, com certeza, que existiram entre o povo celta, mas que não nasceram nessa civilização. Assim, impõem-se as indagações: De onde vieram os druidas? Seriam deuses? Ou bruxos? O pouco que popularmente é dito a respeito dos druidas tem como base diversas lendas, como a do rei Arthur, em que Merlin era um druida.

Diversos estudiosos têm argumentado que os druidas originariamente pertenceram à população pré-céltica (não ariana) da Bretanha e da Escócia.

Desde o domínio romano, instigada pelo catolicismo, a cultura druídica foi alvo de severa e injusta repressão, que fez com que fossem apagados quaisquer vestígios a respeito dela, embora na história de Roma conste que Júlio César reconhecia a coragem que os druidas tinham em enfrentar a morte em defesa de seus princípios.

Os druidas dominaram quase todas as áreas do conhecimento humano. Eles cultivavam a música e a poesia e detinham notáveis conhecimentos de medicina natural, fitoterapia, agricultura e astronomia, além de um avançado sistema filosófico, muito semelhante ao dos neoplatônicos. O povo celta tinha uma tradição eminentemente oral, embora possuíssem uma forma de escrita mágica conhecida pelo nome de escrita rúnica. Os celtas influenciaram bastante outros povos e marcaram profundamente a literatura da época, criando uma espécie de aura de mistério e misticismo.

Basicamente, a doutrina céltica enfatizava a terra e a deusa-mãe, enquanto os druidas cultuavam deuses ligados às formas de expressão da natureza; eles enfatizavam igualmente o mar e o céu e acreditavam na imortalidade da alma, que chegava ao aperfeiçoamento através das reencarnações. Eles admitiam como certa a lei de causa e efeito: o homem era livre para fazer o que quisesse, mas também era responsável pelo próprio destino, de acordo com os atos que praticasse.

Tanto a crença céltica quanto a druídica diziam que o homem teria a ajuda dos espíritos protetores e sua libertação dos ciclos reencarnatórios seria mais rápida assim.

Não admitiam que a divindade pudesse ser cultuada no interior de templos construídos por mãos humanas. Assim, faziam dos campos e das florestas, principalmente onde houvesse antigos carvalhos, os locais de suas cerimônias.

Reunião de druidas em Stonehenge (Inglaterra).
Fonte: <http://users.hotlink.com.br/egito/druidas.htm>.

Outra curiosidade sobre os druidas, Kardec e Eurípedes, encontramos em João Huss na *História do Espiritismo*:

> For exemplo, Zéfiro teria contado que, como Allan Kardec, o professor vivera ao tempo da invasão das Gálias por César. **Era um sacerdote druida do culto ao carvalho.** Desse culto nasceu a hóstia, que era feita das bolotas da árvore e ministradas aos fiéis. Por esse tempo também viveu Vercingetorix, o herói-maior da Gália, vencido por Júlio César, mas, que, ao tempo mesmo do Professor Rivail, renasceu de um tronco gaulês como Wellington, que deveria tirar desforra sobre o antigo César, agora vestido de Napoleão Bonaparte. Os Espíritos do carvalho eram façanhudos e se manifestavam quando os fiéis se davam as mãos em torno do tronco da árvore. O vento, em suas ramas – **coisa que muitas vezes aconteceu na Fazenda Santa Maria, perto de Sacramento, ao tempo de Eurípedes Barsanulfo** – soprava as vozes dos espíritos, quase todos belicosos. [...]. (RODRIGUES, 1973, p. 77, grifo nosso).

Marcos

Em *A Grande Espera* (BARSANULFO, 1991), único romance mediúnico ditado por Eurípedes já desencarnado, Eurípedes é o jovem essênio Marcos que vive na Palestina ao tempo de Jesus. Reencarnados estão também, e fazem parte de seu grupo, Dr. Bezerra de Menezes e Cairbar Schutel. Todos eles esperam pela vinda da "Grande Estrela", o Mestre Jesus.

Quem não conhece o Dr. Bezerra de Menezes? E, para

quem não sabe, Cairbar Schutel foi um grande apóstolo do espiritismo, amigo de Eurípedes. Apesar de nunca terem se encontrado pessoalmente, trocavam correspondências frequentes, para encorajar a implantação da doutrina espírita em solo brasileiro. O espiritismo, nessa época, era uma doutrina renegada, coisa do "demônio".

Nesse romance, estando o grupo reunido – Dr. Bezerra de Menezes como Lisandro, Cairbar Schutel como Josafá e Eurípedes como Marcos –, Jesus adolescente se dirige a Marcos e lhe diz: "Marcos, repousam sobre teus ombros fardos de grande envergadura bem mais delicados que os de todos os teus companheiros reunidos. Estás disposto à grande tarefa?" (BARSANULFO, 1991, p. 232).

Tais palavras nos indicam o tamanho de sua missão e reforçam a ideia de ele ser Kardec.

Pregador ardoroso de novas e elevadas ideias, Marcos foi considerado blasfemo e amotinador e, por esses motivos, flagelado e condenado à morte na fogueira. Segundo Eurípedes, Marcos é o primeiro mártir da fé cristã, antes, portanto, de Estevão.

Um detalhe sobre esse livro é que ele foi recebido mediunicamente por Corina Novelino, e a equipe de sustentação contava com Tia Amália, secretária de Eurípedes. Tia Amália era médium vidente de considerável bagagem, entretanto, na recepção do livro, sentia-se encabulada por só conseguir ver o braço da entidade que escrevia o texto. Semanas depois, Chico Xavier escreve uma carta a Corina, na qual lhe diz que

Emmanuel pede para lhes informar que Eurípedes Barsanulfo está escrevendo um livro por seu intermédio, e que ele mesmo é um dos personagens da história.

Por que Tia Amália, que foi secretária de Barsanulfo, médium vidente experimentada, não conseguia ver o espírito de Eurípedes e, sim, apenas um braço?

Nesse livro, Dr. Bezerra e mesmo Jesus adolescente dizem que Eurípedes já tinha experiência de muitas vidas passadas.

Jesus diz a Eurípedes: "Também vós, Marcos, tendes participado dos momentos decisivos da evolução humana, colaborando, paralelamente, na obra ascensional do mundo e na própria iluminação". (BARSANULFO, 1991, p. 222).

Quando Marcos é preso, Lisandro vai visitá-lo e se surpreende com a fibra do rapaz na hora do testemunho:

> Por longos minutos, o silêncio não fora quebrado. O ancião lia nos olhos do moço a serenidade comovedora que fluía de uma alma experimentada. Lisandro encontrava-se algo surpreendido. Esperava ver o companheiro conformado, mas não com aquela fibra segura, que somente os grandes iniciados da seita haviam exemplificado.
> Palavras de Lisandro: – Diante de tua segurança e firmeza, já não tenho prerrogativas nem ascendentes... Nunca fui chamado ao testemunho, meu caro Marcos. [...]. Dentro do teu coração lampejam astros de excepcional valor... Atingiste o pináculo do iniciado, antes da graduação final. [...] (BARSANULFO, 1991, p. 293-4).

Rufus

No romance *Ave, Cristo!*, Emmanuel nos fala de Rufus, um cristão escravo de Roma, que viveu nas Gálias, onde foi torturado e morto por não renegar a fé cristã. Segundo Chico Xavier, Rufus teria sido uma das encarnações de Eurípedes Barsanulfo.

A impressionante narrativa nos mostra a firmeza e a coragem do escravo que não reluta em morrer por Cristo.

Jan Huss

Jan Huss, da Boêmia, nasceu em 1369 e foi martirizado em 1415. Pastor da Capela de Belém de 1402 a 1414. Huss propôs a reforma da Igreja Romana na Boêmia de modo semelhante à linha das ideias defendidas por John Wycliffe,[2] o que provocou a inimizade do papa. Sua pregação coincidia com o surgimento de um sentimento nacionalista contra o controle da Boêmia pelo Sacro Império Romano.

Huss foi reitor da Universidade de Praga em 1409 e, durante algum tempo, exerceu influência em toda a Boêmia. Ele ensinava o Evangelho em tcheco e fazia isso não em uma igreja, mas nos campos e nas ruas.

O papa excomungou Jan Huss e determinou que a cidade de Praga ficasse sujeita a censuras eclesiásticas enquanto Huss morasse ali. Para sobreviver, Huss retirou-se para

---

[2] John Wycliffe (1320-1384) foi professor da Universidade de Oxford, teólogo e reformador religioso inglês, considerado precursor das reformas religiosas que sacudiram a Europa nos séculos XV e XVI. Fonte: <*https://www.google.com.br/webhp?sourceid=chrome-instant&ion=1&espv=2&ie=UTF-8#q=Wycliffe*>.

lugar ignorado. Porém, de seu esconderijo enviava cartas confirmando suas ideias. Ao fim de dois anos, consentiu em comparecer ao Concílio de Constança, que se realizaria em Baden (Suíça), havendo para isso recebido um salvo-conduto do imperador Sigismundo, com garantias de vida.

Entretanto, não respeitaram o salvo-conduto, sob a alegação de que "não se devia ser fiel a hereges". Preso, Huss foi condenado. Ele nunca quis fugir da prisão, apesar de seus seguidores o aconselharem a isso. Huss foi queimado vivo no dia 6 de julho de 1415, aos 46 anos. Porém, suas atividades de pregador e sua condenação foram elementos decisivos que deram grande força à reforma protestante em sua terra natal por muitos séculos.

Segundo o orador espírita Divaldo Pereira Franco, em sua conferência "Deus tem Pressa", enquanto seu corpo queimava na fogueira, John Huss teria proferido a seguinte frase: "Hoje vós assais um pato, mas dia virá em que o cisne de luz voará tão alto, que as vossas labaredas não mais alcançarão". Séculos depois, Jan Huss volta como Allan Kardec.

Johann Kaspar Lavater

O pastor Johann Kaspar Lavater (1741-1801) foi filósofo, poeta e teólogo suíço, além de entusiasta do magnetismo animal em seu país. É considerado o fundador da fisiognomonia, a arte de conhecer a personalidade das pessoas através dos traços fisionômicos.

Lavater escreveu cartas à imperatriz Maria Feodorowna, esposa do imperador Paulo I da Rússia. Nelas, Lavater expressa ideias sobre o estado da alma após a morte e que o mundo invisível deve ser penetrável para a alma separada do corpo, assim como ele o é durante o sono, que a alma aperfeiçoa em sua existência material as qualidades do corpo espiritual, veículo com que continuará a existir depois da morte e pelo qual conceberá e obrará em sua nova existência.

Sobre Lavater e a importância do teor dessas cartas, assim se posiciona Allan Kardec (1868, p. 113-25, grifo do autor):

> Essas cartas são datadas de Zurique, em 1798. Dezesseis anos antes, Lavater tivera oportunidade, naquela cidade e em Schaffouse, de conhecer o conde e a condessa do Nord (título sob o qual o grão-duque da Rússia e sua esposa viajavam pela Europa), e, de 1796 a 1800, ele mandara à Rússia, endereçada à imperatriz Maria, reflexões sobre a fisionomia, às quais juntava cartas, tendo por objetivo descrever o estado da alma depois da morte. [...]
>
> Essas cartas inéditas de Lavater foram descobertas durante uma verificação na biblioteca grão--ducal, [...]; elas foram publicadas em 1858, em Petersburgo, sob o título: *Johann-Kaspar Lavater's briefe, an die Kaïserin Maria Feodorowna, gemahlin kaïser Paul I von Russland* (Cartas de João Gaspar Lavater à imperatriz Maria Feodorowna, esposa do imperador Paulo I da Rússia). [...].
>
> Essas cartas, em número de seis, apresentam o mais alto interesse, por provarem positivamente que as ideias espíritas e, notadamente, a possi-

bilidade das relações entre o mundo espiritual e o mundo material, já germinavam na Europa há bem setenta anos, e que não só o célebre fisionomista tinha convicção dessas relações, mas era ele próprio o que no Espiritismo se chama médium intuitivo, isto é, um homem que recebia por intuição as ideias dos Espíritos e transcrevia suas comunicações. As cartas de um amigo morto, que Lavater juntara às suas, são eminentemente espíritas. Elas desenvolvem e esclarecem de maneira tão engenhosa quanto espiritual, as ideias fundamentais do Espiritismo, e vêm apoiar tudo o que esta doutrina oferece de mais racional, de mais profundamente filosófico, religioso e consolador para a Humanidade. As pessoas que não conhecem o Espiritismo poderão supor que essas cartas de um Espírito ao seu amigo da Terra não passam de uma forma poética, que Lavater dá às suas próprias ideias espiritualistas; mas os que são iniciados nas verdades do Espiritismo as encontrarão nessas comunicações, tais como foram e ainda são dadas pelos Espíritos, por meio de diferentes médiuns intuitivos, audientes, escreventes, falantes, extáticos etc. Não é natural supor que Lavater tenha podido conceber ele próprio e expor com tão grande lucidez e tanta precisão ideias abstratas e tão elevadas sobre o estado da alma após a morte, e seus meios de comunicação com os Espíritos encarnados, isto é, os homens. Essas ideias não podiam provir senão dos próprios Espíritos desencarnados. É incontestável que um deles, tendo guardado sentimentos de afeição por um amigo ainda habitante da Terra, lhe deu, por intermédio de um médium intuitivo (talvez o próprio Lavater fosse esse amigo), noções sobre esse assunto, para o iniciar nos mistérios do túmulo, na medida do que é permitido a um Espírito desvendar aos homens, e que estes estejam em estado de compreender.

Damos aqui a tradução exata das cartas de Lavater [...] que dirigia à imperatriz Maria, conforme o desejo que esta havia manifestado, de conhecer as ideias do filósofo alemão sobre o estado da alma após a morte do corpo.

PRIMEIRA CARTA
Sobre o Estado da Alma Após a Morte

Ideias Gerais

Mui venerada Maria da Rússia!

Dignai-vos conceder-me permissão para não vos dar o título de majestade, que vos é devido da parte do mundo, mas que não se harmoniza com a santidade do assunto que desejastes que eu vos entretivesse, e a fim de vos poder escrever com franqueza e inteira liberdade.

Desejais conhecer algumas das minhas ideias sobre o estado das almas após a morte.

A despeito do pouco que é dado saber sobre isto ao mais douto entre nós, já que nenhum dos que partiram para o país desconhecido de lá voltou, o homem pensante, o discípulo d'Aquele que do céu desceu entre nós, está, no entanto, em condições de dizer, sobre isto, tanto quando nos é necessário saber para nos encorajar, nos tranquilizar e nos fazer refletir.

Desta vez limitar-me-ei a vos expor, a respeito, algumas das ideias mais gerais.

Penso que deve existir uma grande diferença entre o estado, a maneira de pensar e de sentir de uma alma separada de seu corpo material e o estado no qual se encontrava durante sua união com este último. Essa diferença deve ser, no mínimo, tão grande quanto a que existe entre o estado de um recém-nascido e o de uma criança vivendo no seio materno.

Estamos ligados à matéria, e são os nossos sentidos e os nossos órgãos que dão à nossa alma as percepções e o entendimento.

Conforme a diferença que exista entre a construção do telescópio, do microscópio e dos óculos, de que se servem os nossos olhos para ver, os objetos que olhamos por seu intermédio nos aparecem sob uma forma diferente. Nossos sentidos são os telescópios, os microscópios e os óculos necessários à nossa vida atual, que é uma vida material. Creio que o mundo visível deve desaparecer para a alma separada de seu corpo, assim como lhe escapa durante o sono. Ou então o mundo, que a alma entrevia durante sua existência corporal, deve aparecer à alma desmaterializada sob um aspecto completamente diverso.

Se, durante algum tempo, ela pudesse ficar sem corpo, o mundo material não existiria para ela. Mas se ela for, logo depois de haver deixado o seu corpo – o que acho muito verossímil –, provida de *um corpo espiritual, que teria retirado do seu corpo material*, o novo corpo lhe dará indispensavelmente uma percepção muito diferente das coisas. Se, o que facilmente pode acontecer às almas impuras, esse corpo ficasse, durante algum tempo, imperfeito e pouco desenvolvido, todo o Universo apareceria à alma num estado de perturbação, como se fosse visto através de um vidro fosco.

Mas se o corpo espiritual, *o condutor e o intermediário de suas novas impressões*, fosse ou se tornasse mais desenvolvido ou mais bem organizado, o mundo da alma lhe pareceria, conforme a natureza e as qualidades de sua harmonia e de sua perfeição, mais regular e mais belo.

Os órgãos se simplificam, adquirem harmonia entre si e são mais apropriados à natureza, ao caráter, às necessidades e às forças da alma, conforme ela se concentre, se enriqueça e se depure aqui na Terra, perseguindo um só objetivo e agindo num sentido determinado. Existindo na Terra, *a alma aperfeiçoa, ela mesma, as qualidades do corpo espiritual*, do veículo no qual continuará a existir após a morte de seu corpo material, e que lhe servirá de órgão para conceber, sentir e agir em sua nova existência. Esse novo corpo, apropriado à sua natureza íntima, a tornará pura, amante, vivaz e apta a mil belas sensações, impressões, contemplações, ações e gozos.

Tudo o que se pode, e tudo o que ainda não podemos dizer sobre o estado da alma após a morte, sempre se baseará neste único axioma, permanente e geral: *O homem recolhe o que semeou.*

É difícil encontrar um princípio mais simples, mais claro, mais abundante e mais próprio a ser aplicado a todos os casos possíveis.

Existe uma lei geral da Natureza, estreitamente ligada, mesmo idêntica, ao princípio acima mencionado, concernente ao estado da alma após a morte, uma lei equivalente em todos os mundos, em todos os estados possíveis, no mundo material e no mundo espiritual, visível e invisível, a saber: "O que se assemelha tende a se reunir. Tudo o que é idêntico se atrai reciprocamente, se não existirem obstáculos que se oponham a sua união."

Toda a doutrina sobre o estado da alma após a morte é baseada neste simples princípio. Tudo quanto chamamos ordinariamente: julgamento prévio, compensação, felicidade suprema, danação, pode ser explicado desta maneira: "Conforme semeaste o bem em ti mesmo, nos outros e fora de ti, pertencerás à sociedade dos que, como tu, semearam o bem em si mesmos e fora de si; gozarás da amizade daqueles com os quais te assemelhaste em sua maneira de semear o bem."

Cada alma separada de seu corpo, livre das cadeias de matéria, aparece a si mesma tal qual é na realidade. Todas as ilusões, todas as seduções que a impedem de se reconhecer e de ver suas forças, suas fraquezas e seus defeitos desaparecerão. Experimentará uma tendência irresistível para se dirigir às almas que se lhe assemelham e afastar-se das que lhe são desiguais. Seu próprio peso interior, como obedecendo à lei da gravitação, a atrairá para abismos sem fundo (pelo menos é assim que lhe parecerá); ou, então, conforme o grau de sua pureza, ela se precipitará nos ares, como uma fagulha levada por sua leveza, e passará rapidamente pelas regiões luminosas, fluídicas e etéreas. A alma se dá a si mesma um peso que lhe é próprio, por seu sentido interior; seu estado de perfeição a impele para frente, para trás ou para o lado; seu próprio caráter, moral ou religioso, lhe inspira certas tendências particulares. O bom se elevará para os bons; a necessidade que sente do bem o atrairá para eles. O mau é forçosamente impelido para os maus. A queda precipitada das almas grosseiras, imorais e irreligiosas para as almas que se lhes assemelham, será também tão rápida e inevitável quanto a queda de uma bigorna num abismo, quando nada a detém.

Por ora é bastante.

João Gaspar Lavater
Zurique, 1° de agosto de 1798.
(Com a permissão de Deus, continua semanalmente.)

SEGUNDA CARTA

As necessidades experimentadas pelo espírito

humano, durante *seu exílio no corpo material, continuam as mesmas, logo depois que o deixou*. Sua felicidade consistirá na possibilidade de poder satisfazer suas necessidades espirituais; sua danação, na impossibilidade de poder satisfazer seus apetites carnais, num mundo menos material. *As necessidades não satisfeitas constituem a danação; sua satisfação constitui a felicidade suprema.*

Gostaria de dizer a cada homem: "Analisa a natureza de tuas necessidades; dá-lhes o seu verdadeiro nome; pergunta a ti mesmo: são admissíveis num mundo menos material? Podem aí encontrar sua satisfação?" E se, verdadeiramente, aí pudessem ser contentadas, seriam as que um Espírito intelectual e imortal possa honestamente confessar e desejar a sua satisfação, sem sentir uma profunda vergonha diante de outros seres intelectuais e imortais como ele?

A necessidade que sente a alma de satisfazer às aspirações espirituais de outras almas imortais; de lhes proporcionar os puros deleites da vida, de lhes inspirar a segurança de sua existência após a morte, de cooperar assim no grande plano da sabedoria e do amor supremos, o progresso adquirido por essa nobre atividade, tão digna do homem, assim como o desejo desinteressado do bem, dão às almas humanas a aptidão, e, portanto, o *direito* de serem recebidas nos grupos e nos círculos de Espíritos mais elevados, mais puros, mais santos.

Mui veneranda imperatriz, quando temos a íntima persuasão de que a necessidade mais natural e, no entanto, muito rara, que possa nascer numa alma imortal: a de Deus, a necessidade de dele se aproximar cada vez mais, sob todos os respeitos e de se assemelhar ao Pai invisível de todas as criaturas, é uma vez tornada predominante em nós, oh! então não devemos experimentar o menor receio concernente ao nosso estado futuro, quando a morte nos tiver desembaraçado de nosso corpo, esse muro espesso que nos ocultava Deus. Esse corpo material, que nos separava dele, está caído, e o véu que nos escondia a vista do mais santo dos santos está rasgado. O Ser adorável, que amávamos acima de tudo, com todas as suas graças resplandecentes, terá então livre acesso em nossa alma dele faminta e o recebendo com alegria e amor.

Logo que o amor sem limites por Deus tiver triunfado em nossa alma, em consequência dos esforços que ela tiver feito para dele se aproximar e a ele se parecer em seu amor vivificante da Humanidade, e por todos os meios que tinha em seu poder, essa alma, desembaraçada de seu corpo, passando necessariamente por muitos degraus para se aperfeiçoar sempre mais, subirá com uma facilidade e uma rapidez espantosas para o objeto de sua mais profunda veneração e seu amor ilimitado, para a fonte inesgotável e a única suficiente para a satisfação de todas as suas necessidades, de todas as suas aspirações.

Nenhum olho fraco, doente ou velado está em condições de olhar o Sol de frente; do mesmo modo, nenhum Espírito não depurado, ainda envolto no nevoeiro grosseiro de uma vida exclusivamente material, mesmo no momento de sua separação do corpo, não estaria em condições de suportar a vista do mais puro sol dos Espíritos, em sua claridade resplandecente, seu símbolo, seu foco, de onde escapam essas ondas de luz, que penetram mesmo os seres finitos do sentimento de sua infinidade.

Quem melhor que vós, senhora, sabe que os bons não são atraídos senão pelos bons! Que só as almas elevadas sabem fruir da presença de outras almas de escol! Todo homem que conhece a vida e os homens, aquele que muitas vezes foi obrigado a encontrar-se na companhia desses lisonjeadores desonestos, efeminados, baldos de caráter, sempre apressados em revelar e fazer valer a palavra mais insignificante, a menor alusão daqueles cujo favor disputam, ou então desses hipócritas, que procuram astuciosamente penetrar as ideias alheias, para em seguida as interpretar num sentido absolutamente contrário, aquele, digo eu, deve saber quanto essas almas vis e escravas se embaraçam subitamente a uma simples palavra pronunciada com firmeza e dignidade; quanto um só olhar severo os confunde, fazendo-lhes sentir profundamente que são conhecidos e julgados em seu justo valor! Como então se lhes torna penoso suportar a presença de um homem honesto! Nenhuma alma manhosa e hipócrita é feliz ao contato de uma alma proba e enérgica, que a penetre. Cada alma impura, tendo deixado o seu corpo, deve, segundo sua natureza íntima, como impulsionada por uma força oculta e invencível, fugir à presença de todo ser puro e luminoso, para lhe ocultar, tanto quanto possível, a vista de suas numerosas imperfeições, que não está em estado de ocultar a si própria, nem aos outros.

Mesmo que não tivesse sido escrito: *"Ninguém, sem ser depurado, poderá ver o Senhor"*; estaria perfeitamente na ordem das coisas. Uma alma impura se acha numa impossibilidade absoluta de entrar em qualquer relação com uma alma pura, nem de sentir por ela a menor simpatia. Uma alma assustada pela luz não pode, por isto mesmo, ser atraída para a fonte da luz. A claridade, privada de toda obscuridade, deve queimá-la como um fogo devorador.

E quais são as almas, senhora, que chamamos impuras? Penso que são aquelas nas quais o desejo de se depurarem, de se corrigirem e de se aperfeiçoarem jamais predominou. Penso que são aquelas que não estão submetidas ao princípio elevado do desinteresse em todas as coisas; as que se elegem como centro único de todos os seus desejos e de todas as suas ideias; as que se olham como o objeto de tudo o que está fora delas, que não buscam senão o meio de satisfazer suas paixões e seus sentidos; enfim, aquelas nas quais reinam o egoísmo, o orgulho, o amor-próprio e o interesse pessoal, que querem servir a dois mestres que se contradizem, e isto simultaneamente.

Penso que semelhantes almas, após a separação de seus corpos, devem achar-se no miserável estado de uma horrível contemplação de si mesmas; ou então, o que dá no mesmo, do desprezo profundo que sentem por si próprias, e serem arrastadas por uma força irresistível para a horrorosa sociedade de outras almas egoístas, condenando-se elas próprias incessantemente.

É o egoísmo que produz a impureza da alma e a faz sofrer. Ele é combatido em todas as almas humanas por alguma coisa que lhe é contrário, algo de puro, de divino: o sentimento moral. Sem esse sentimento, o homem não é capaz de nenhum prazer moral, de nenhuma estima, de nenhum desprezo por si mesmo, não compreendendo nem o céu, nem o inferno. Esta luz divina lhe torna insuportável toda obscuridade que descobre em si, e é a razão pela qual as almas delicadas, as que possuem o senso moral, sofrem mais cruelmente quando o egoísmo delas se apodera e subjuga esse sentimento.

Da concordância e da harmonia que subsistem no homem, entre ele próprio e a sua lei interior dependem a sua pureza, a sua aptidão para receber a luz, sua felicidade, seu céu, seu Deus. Seu Deus lhe parece na sua semelhança consigo mesmo. Àquele que sabe amar, Deus aparece como o supremo amor, sob mil formas amantes. Seu grau de felicidade e sua aptidão a tornar felizes os outros são proporcionados ao princípio do amor que nele reina. Aquele que ama com desinteresse fica em harmonia incessante com a fonte de todo amor e com todos os que aí bebem o amor.

Tratemos de conservar em nós o amor em toda a sua pureza, senhora, e seremos sempre arrastados por ele para as almas mais amantes. Purifiquemo--nos todos os dias, cada vez mais, das manchas do egoísmo, e, então ainda que tivéssemos de deixar este mundo hoje mesmo ou amanhã, devolvendo à terra o nosso invólucro mortal, nossa alma tomará o seu voo com a rapidez do relâmpago para o modelo de todos os que amam, e se reunirá a eles com uma felicidade inexprimível.

Nenhum de nós pode saber em que se tornará sua alma após a morte do corpo e, no entanto, estou plenamente persuadido de que o amor depurado deve necessariamente dar ao nosso Espírito, liberto do corpo, uma liberdade sem limites, uma existência cêntupla, um gozo contínuo de Deus, e um poder ilimitado para tornar felizes todos os que estão aptos para desfrutar da felicidade suprema. Oh! Como é incomparável a liberdade moral do Espírito despojado de seu corpo! Com que leveza a alma do ser amante, cercada de uma luz resplandecente, efetua a sua ascensão! Como a ciência infinita, como a força de se comunicar aos outros, se tornam o seu apanágio! Quanta luz jorra dela mesma! Que vida anima todos os átomos de que é formada! Torrentes de gozos se lançam de todos os lados ao seu encontro, para satisfazer suas necessidades mais puras e mais elevadas!

A Reencarnação de Allan Kardec

Legiões inumeráveis de seres amantes lhe estendem os braços! Vozes harmoniosas se fazem ouvir nesses coros numerosos e radiantes de alegria e lhe dizem: "Espírito de nosso Espírito! Coração de nosso coração! Amor bebido na fonte de todo amor! Alma amante, tu nos pertences a nós todos, e nós somos todos de ti! Cada um de nós é teu e tu pertences a cada um de nós. Deus é amor e Deus é nosso. Estamos todos cheios de Deus e o amor encontra sua felicidade na felicidade de todos."

Desejo ardentemente, mui venerada imperatriz, que vós, vosso nobre e generoso esposo, o imperador, tão voltados um e outro para o bem, e eu convosco, jamais possamos nos tornar estranhos ao amor que é Deus e homem ao mesmo tempo; que nos seja concedido nos preparamos para os gozos, por nossas ações, nossas preces e nossos sofrimentos, aproximando-nos daquele que se deixou pregar na cruz do Gólgota.

João Gaspar Lavater
Zurique, 18 de agosto de 1798.
(Continua proximamente, se Deus o permitir.)

Já se pode ver em que ordem de ideias Lavater escrevia à imperatriz Maria, e até que ponto possuía a intuição dos princípios do Espiritismo moderno. Poder-se-á julgá-lo melhor ainda pelo complemento dessa correspondência notável.

Esperando as reflexões com que a seguiremos, cremos dever, desde já, fazer notar um fato importante: é que para sustentar uma correspondência sobre semelhante assunto com a imperatriz, era preciso que esta partilhasse dessas ideias, e várias circunstâncias não permitem duvidar que o mesmo se passava com o czar, seu esposo. Era a pedido dela, ou melhor, a pedido de ambos, que Lavater escrevia, e o tom de suas cartas prova que ele se dirigia a pessoas convictas. Como se vê, as crenças espíritas, nas altas regiões, não datam de hoje. Aliás, pode-se ver, na Revista de abril de 1866, o relato de uma aparição tangível de Pedro, o Grande, a esse mesmo Paulo I.

Lidas na Sociedade de Paris, as cartas de Lavater provocaram uma conversação a propósito. Paulo I, sem dúvida atraído pelo pensamento que na ocasião lhe era dirigido, manifestou-se espontaneamente e sem evocação, por um dos médiuns, ao qual ditou a seguinte comunicação.

(Sociedade de Paris, 7 de fevereiro de 1868 – Médium: Sr. Leymarie)

O poder é coisa pesada, e os aborrecimentos que deixa impressionam dolorosamente a nossa alma! Os dissabores são contínuos; é preciso conformar-se aos hábitos, às velhas instituições, ao preconceito, e Deus sabe quanta resistência é necessária para se opor a todos os apetites que vêm bater no trono, como ondas tumultuosas. Assim, que felicidade quando, deixando um instante essa túnica de Nessus, chamada realeza, a gente possa recolher-se a um lugar pacífico, a fim de poder repousar em paz, longe do ruído e do tumulto das ambições!

Minha cara Maria gostava da calma. Natureza sólida, doce, resignada, amante, teria preferido o esquecimento das grandezas para se devotar completamente à caridade, para estudar as altas questões filosóficas que eram da alçada de suas faculdades. Como ela, eu gostava desses recreios intelectuais; eram um bálsamo para as minhas feridas de soberano, uma força nova para me guiar no dédalo da política europeia.

Lavater, esse grande coração, esse grande Espírito, esse irmão predestinado, nos iniciava em sua sublime doutrina; suas cartas, que hoje possuís, eram por nós esperadas com ansiedade febril. Tudo o que elas encerram eram a miragem dos nossos ideais pessoais; líamos essas cartas queridas com uma alegria infantil, felizes por depor a nossa coroa, a sua gravidade, a sua etiqueta, para discutir os direitos da alma, sua emancipação e seu curso divino para o eterno.

Todas essas questões, hoje muito ardentes, nós as aceitamos há setenta anos; elas faziam parte de nossa vida, de nosso repouso. Muitos efeitos estranhos, aparições e ruídos tinham fortificado a nossa opinião a esse respeito. A imperatriz Maria via e ouvia os Espíritos; por eles ela tinha sabido dos acontecimentos passados a grandes distâncias. Um príncipe Lopoukine, morto em Kiew, a várias centenas de léguas, tinha vindo nos anunciar a sua morte, os incidentes que tinham precedido a sua partida, a expressão de suas últimas vontades. A imperatriz tinha escrito, ditado pelo Espírito Lopoukine, e só vinte dias depois se ficou sabendo na corte de todos os detalhes que possuíamos. Foram para nós uma confirmação estrondosa, e também a prova de que Lavater e nós éramos iniciados nas grandes verdades.

Hoje, conhecemos melhor, por vós, a Doutrina cuja base alargastes. Viremos vos pedir alguns instantes e vos agradecer antecipadamente, se vos dignardes escutar Maria da Rússia e aquele que teve o privilégio de a ter por companheira.

Paulo I

Hippolyte Léon Denizard Rivail

Hippolyte Léon Denizard Rivail (1804-1869) foi educador, escritor e tradutor francês. Sob o pseudônimo de Allan

Kardec, notabilizou-se como o codificador do espiritismo.

Nascido em uma antiga família de orientação católica com tradição na magistratura e na advocacia, desde cedo manifestou propensão para o estudo das ciências e da filosofia.

Fez os seus estudos na Escola de Pestalozzi, no Castelo de Zahringenem, em Yverdun, Suíça (país protestante), tornando-se um de seus mais distintos discípulos e ativo propagador de seu método, que exerceu grande influência na reforma do ensino na França e na Alemanha. Aos 14 anos de idade já ensinava aos seus colegas menos adiantados. Aos 18, bacharelou-se em Ciências e Letras.

Concluídos os estudos, o jovem Rivail retornou ao seu país natal. Profundo conhecedor da língua alemã, traduziu para esse idioma diferentes obras de educação e de moral, com destaque para as obras de Fénelon, pelas quais manifestava particular atração. Conhecia a fundo também os idiomas inglês, holandês, italiano e espanhol.

Era membro de diversas sociedades, entre as quais a Academia Real de Arras, que, em concurso promovido em 1831, premiou-o com o tema "Qual o sistema de estudos mais de harmonia com as necessidades da época?".

A 6 de fevereiro de 1832, desposou Amélie Gabrielle Boudet. Em 1824, retornou a Paris e publicou um plano para aperfeiçoamento do ensino público. Após o ano de 1834, passou a lecionar, publicando diversas obras sobre educação, e tornou-se membro da Real Academia de Ciências Naturais.

Rivail e sua esposa Amélie Gabrielle Boudet.
Fonte: <https://pt.wikipedia.org/wiki/Am%C3%A9lie_Gabrielle_Boudet>.

Necessitando de capital para dar prosseguimento à sua obra educativa, o professor Rivail empregou-se também como diretor de teatro em Paris.

Como pedagogo, o jovem Rivail dedicou-se à luta para democratização do ensino público. Entre 1835 e 1840, manteve em sua residência, na rua de Sèvres, cursos gratuitos de química, física, anatomia comparada, astronomia e outros. Nesse período, preocupado com a didática, criou um engenhoso método de ensinar a contar e um quadro mnemônico da história da França, visando a facilitar ao estudante a memorização das datas dos acontecimentos de maior expressão e as descobertas de cada reinado do país.

As matérias que lecionou foram química, matemática, astronomia, física, fisiologia, retórica, anatomia comparada e francês.

Comentários

As encarnações anteriores de Eurípedes, tanto como Marcos ou Rufus, não desmentem a possibilidade de ele ter sido Kardec. Nota-se a seriedade, o compromisso com a verdade, a coragem e o amor por Cristo, o sacrifício em nome da verdade.

Não vamos citar o druida e Jan Huss, porque estas já são encarnações de Kardec aceitas por todos. Um ponto mais a favor de Eurípedes: encarnações masculinas. Enquanto Chico Xavier, na época de Cristo, era a filha de Emmanuel, Eurípedes, segundo relato dele mesmo, já estava morrendo na fogueira por Cristo, fiel à verdade e ao Mestre Jesus. Em todas essas encarnações, não há notícias sobre ele ter fraquejado, mas, sim, de ter sido fiel até a morte a Jesus.

Chico Xavier, apesar de ser um apóstolo da doutrina espírita, muitas vezes necessitou da correção de Emmanuel para se ater firmemente aos seus deveres – o que foi contado por ele mesmo. Certa vez, ele ficou dois meses em certa cidade, com um grupo que não queria nada com nada. Emmanuel apareceu e lhe disse: "Ou tu voltas ou eu vou embora". Chico voltou. Certa vez, com uma cunhada sua, que tinha enlouquecido, Chico chorava, chorava, até que Emmanuel teve de lhe passar uma reprimenda: "Que engraçado. Antes, tinha 300 irmãs tuas aqui sofrendo no hospício e não te vi vir aqui chorar por nenhuma". Existem muitos mais exemplos. Será que Kardec (no caso de ele ser Chico Xavier) deveria ser "chamado à atenção" por seu guia, para se ater aos seus compromissos? Também com Eurípedes isso nunca aconteceu.

Eurípedes não se abalava com o desencarne de ninguém, muito menos com o caso da obsessão de sua irmã. Com tudo que sofreu, nunca pensou em revide e sim em irradiar amor para os ofensores.

Quanto a Lavater, pode-se dizer que ele colocou a pedra inicial da doutrina espírita antes de ela ser elaborada por Kardec. Embora ele tenha sido um espírito de vulto em sua época, ele não teve a amplitude de Kardec. Teoricamente, se Kardec foi Lavater, essa encarnação teria servido como preparação e avaliação para a grande missão que viria.

Lavater teve uma influência isolada, e não geral, como Kardec. Por quê? Porque, justamente, a beleza e a força do espiritismo estão em sua universalidade, conforme nos afirma Kardec em *O Evangelho Segundo o Espiritismo* (2013, p. 8):

> São, pois, os próprios Espíritos que fazem a propagação, com o auxílio dos inúmeros médiuns que, também eles, os Espíritos, vão suscitando de todos os lados. Se tivesse havido unicamente um intérprete, por mais favorecido que fosse, o Espiritismo mal seria conhecido.
>
> Qualquer que fosse a classe a que pertencesse, tal intérprete houvera sido objeto das prevenções de muita gente e nem todas as nações o teriam aceitado, ao passo que os Espíritos se comunicam em todos os pontos da Terra, a todos os povos, a todas as seitas, a todos os partidos, e todos os aceitam.
>
> O Espiritismo não tem nacionalidade e não faz parte de nenhum culto existente; nenhuma clas-

se social o impõe, visto que qualquer pessoa pode receber instruções de seus parentes e amigos de além-túmulo. Cumpre seja assim, para que ele possa conduzir todos os homens à fraternidade. Se não se mantivesse em terreno neutro, alimentaria as dissensões, em vez de apaziguá-las.

É importante registrar, ainda, que Lavater era amigo de Pestalozzi, com o qual trocava muitas ideias sobre os mais variados assuntos.

Atentem para este fato: se a nossa teoria estiver correta, Kardec, até aqui, pelas encarnações passadas e mesmo como Lavater, seguiu os caminhos da fé. A sua fé moveu montanhas.

Mas, para fazer uma obra que resistiria à ação do tempo, faltavam-lhe dois elementos cruciais:

– A razão ou a ciência: característico de seu tempo, o espiritismo teria sido esquecido se a ele não se juntassem, incessantemente, novas provas, fornecidas pelas mais notórias mentes de seu tempo, que vieram afirmar não se tratar essa nova descoberta de "superstição". O método científico com que Kardec procede vem tirar o espiritismo do sobrenatural e das lendas.

– A educação: enquanto naquela época pouca importância se dava ao fato de Kardec ser um educador, o mestre e os espíritos superiores já miravam o futuro longínquo, quando a educação transformaria a humanidade em sua base.

E aonde ele foi buscar as condições necessárias para a grande missão? Com Pestalozzi, seu amigo, seguidor das ideias de Rousseau. É Pestalozzi quem prepara o discípulo de Cristo para o espiritismo, é em Yverdun que as habilidades do grande mestre são despertadas no plano terreno e florescem para a missão gigantesca que teria em mira não só o seu tempo, mas os séculos futuros, até a regeneração do planeta.

Lavater desencarna, reencarna novamente e vai se preparar para a grande missão com o seu amigo e grande educador Pestalozzi, que foi colocado ali providencialmente para educar muitas pessoas, mas, tenho certeza, principalmente o missionário de Lyon, que já tinha, muito frescas em sua mente, as ideias educacionais pestalozianas e os ensinamentos dos espíritos. Combinação perfeita para aquele que vinha a serviço do Cristo restaurar o cristianismo em sua pureza original.

Lavater foi o fundador da fisiognomonia, e Kardec estudava essa ciência.

Pode-se dizer, para tentar desmentir essa teoria, que Kardec recebeu comunicações de Lavater durante a Codificação, e que Eurípedes recebeu comunicações de Kardec. A esse respeito, vejamos o que nos diz Kardec (2005b, p. 274-5, grifo nosso):

> O mesmo ocorre todas as vezes que um Espírito superior se comunica espontaneamente, sob o nome de uma personagem conhecida. **Nada prova que seja exatamente o Espírito dessa personagem;** porém, se ele nada diz que desminta o caráter desta última, há **presunção** de ser o próprio e, em todos os casos, se pode dizer que, se não é ele, é um

Espírito do mesmo grau de elevação, ou talvez até um enviado seu. Em resumo, a questão de nome é secundária, podendo-se considerar o nome como simples indício da categoria que ocupa o Espírito na escala espírita.

[...]

A questão da identidade é, pois, como dissemos, quase indiferente, quando se trata de instruções gerais, **uma vez que os melhores Espíritos podem substituir-se mutuamente, sem maiores consequências**. Os Espíritos superiores formam, por assim dizer, um todo coletivo, cujas individualidades nos são, com exceções raras, desconhecidas. Não é a pessoa deles o que nos interessa, mas o ensino que nos proporcionam. Ora, desde que esse ensino é bom, pouco importa que aquele que o deu se chame Pedro ou Paulo. [...].

Dessa maneira, só porque Kardec recebeu comunicações de Lavater, não quer dizer que não podia ser outro espírito falando em nome de Lavater. A Kardec nenhuma utilidade teria para a sua missão que ele se lembrasse de uma vida anterior, e prova disso é que quem assinalou o nome de "Allan Kardec" foram os espíritos e não o próprio Kardec. O que Kardec usava era uma forma intuitiva de conhecimento adquirido, pois a firmeza desse espírito ressalta de todas as suas encarnações.

A humildade do mestre lionês é clara, conforme este diálogo entre Kardec e o Espírito da Verdade:

Pergunta (à Verdade) – Bom Espírito, desejaria saber o que pensais da missão que me foi assinada apor alguns Espíritos; quereis dizer-me, eu vos peço, se é uma prova para o meu amor-próprio. Sem dúvida, vós o sabeis, tenho o maior desejo de contribuir para a propagação da verdade, mas, do papel de simples trabalhador ao de missionário como chefe, a distância é grande, e eu não compreenderia o que poderia justificar, em mim, um tal favor, de preferência a tantos outros que possuem talentos e qualidades que não tenho.

Resposta – Confirmo o que te foi dito, mas convido-te a muita discrição, se quiseres vencer. Saberás, mais tarde, coisas que te explicarão o que te surpreende hoje. Não olvideis que podeis vencer, como podeis falir; neste último caso, um outro te substituiria, porque os desígnios do Senhor não repousam sobre a cabeça de um homem. Não fales, pois, jamais da tua missão: esse seria o meio de fazê-la fracassar. [...]

P. – Quais são as causas que poderiam me fazer fracassar? Seria a insuficiência de minha capacidade?

R. – Não; mas a missão dos reformadores está cheia de escolhos e de perigos; a tua é rude, disso te previno, porque é o mundo inteiro que se trata de agitar e de transformar. Não creias que te baste publicar um livro, dois livros, dez livros, e permaneceres tranquilamente em tua casa; não, ser-te-á preciso expor-te ao perigo; levantarás contra ti ódios terríveis; inimigos obstinados conjurarão a tua perda; estarás em luta contra a malevolência, a calúnia, a traição mesmo daqueles que te parecerão os mais devotados; tuas melhores instruções serão desconhecidas e desnaturadas; mais de uma vez, sucumbirás sob o peso da fadiga; em uma palavra, será uma luta quase constante que terás que sustentar, e o sacrifício de teu repouso, de tua tranquilidade, de tua saúde, e mesmo de tua vida, porque sem isso viverias por muito mais tempo. [...]. (KARDEC, 2005a, p. 196).

Da mesma maneira, a Eurípedes Barsanulfo nenhuma utilidade teria ter se lembrado de que era Kardec, mas os espíritos dizem a ele: "Na França, já fostes eclesiástico, médico e professor".(RIZZINI, 2014, p. 45).

Eurípedes se desprende do corpo no dia da revelação de sua missão pelos espíritos superiores e "o que ele viu no mundo espiritual, ele não quis contar a ninguém" (RIZZINI, 2014, p. 45).

Eurípedes, como Kardec, era humilde e sempre dizia: "Como sou indigno, como sou indigno". (NOVELINO, 2001, p. 192).

Eurípedes recebe a informação de que São Vicente de Paulo é seu guia espiritual. Já de Kardec não se sabe quem era o seu guia. Mas pode ter sido Vicente de Paulo, pois ele fazia parte ativa da Codificação e respondia a muitas perguntas de Kardec. A característica de São Vicente de Paulo é a humildade! E a característica de ambos, Kardec e Eurípedes, é um grande amor à educação e à humildade. Eurípedes abre a primeira escola com orientação espírita do mundo! E quem melhor para isso que o próprio mestre, Kardec, que foi um professor notável? Será que Kardec, que via na educação a salvação da humanidade, transferiria essa missão a outro?

Outro fato digno de nota é que os espíritos superiores dizem a Eurípedes que o assistem desde seu nascimento, e São Vicente de Paulo diz que são amigos de muitas outras vidas. Ora, apenas onze anos antes de Eurípedes nascer esses mesmos espíritos estavam dando assistência a Kardec para terminar a Codificação. E, de repente, onze anos depois, estavam todos no Brasil dando assistência a Eurípedes?

No caso de alguém contestar o fato de serem três encarnações seguidas, com pouco intervalo entre elas, vamos recorrer aqui ao exemplo de Sai Baba, famoso avatar reencarnado na India. Em sua primeira reencarnação como Sai Baba de Shirdi, ele foi um homem santo, mas teve apenas uma influência local e isolada. Na segunda reencarnação, em Putaparthi, a mais recente, como Sathya Sai Baba, a sua influência se estendeu ao mundo inteiro. E a terceira, que ele mesmo predisse que voltaria dentro de poucos anos após sua morte, como será?

Como Kardec, sob a direção de entidades angélicas, estabelece toda a parte teórica da doutrina e atinge o mundo inteiro, deixando todo o edifício construído. Como Kardec, educador emérito, pestaloziano, não voltaria para dar o exemplo, mostrar na prática tudo o que falou e escreveu? Impossível!

Então, como Eurípedes, vem ao país do Evangelho demonstrar, na prática, o que é ser um médium, o que é a doutrina espírita, a doutrina evangélica, de trabalho e caridade, no solo aonde ela iria realmente frutificar, porque a Europa, como sabemos, não se interessou pela Revelação do Alto.

A parte científica foi muito importante, como dissemos, para tirar o espiritismo das "lendas", mas foi graças ao trabalho de assistência e cura de homens como Eurípedes, Chico Xavier, Arigó, João de Deus, dentre outros, e de um exército anônimo de médiuns e espíritos que trabalham na caridade, prestando socorro a encarnados e desencarnados, que a doutrina espírita é o que é hoje no Brasil e se difundiu tanto. Ora, alguém pode não concordar com a filosofia, mas o dom da cura é um ímã que sempre atraiu as multidões, mesmo os mais céticos. Quem vai renegar a doutrina depois de ter sido curado, ele mesmo, ou um ente querido seu, que estava desenganado pela medicina? Isso prende a pessoa pelo coração! Por isso, Santo Agostinho diz a Eurípedes: "A missão principal será a de curar e Bezerra vai auxiliá-lo nesse sentido". (RIZZINI, 2014, p. 45).

Se essa teoria estiver correta, Kardec colocou a fundação, ergueu o edifício e veio concluir a sua missão pelo exemplo.

A médium francesa W. Krell, que psicografou a famosa prece de Cáritas, recebe uma mensagem de Lavater, em dezembro de 1874, em que, após se referir à missão anterior de Kardec na figura de Jan Huss, Lavater fala sobre a futura encarnação de Kardec. Este já tinha desencarnado e Lavater se refere a Kardec nestes termos:

> Esse espírito, muito bom, sempre devotado, já se ocupa com o momento em que ele retornará, **pela terceira vez**, para trazer uma pedra ao jovem edifício da **religião universal do porvir**. Ele conta para ajudá-lo, **nessa terceira tarefa**, com os caminhos que vocês, seus discípulos, estão encarregados de preparar para sua obra. (KRELL, 2002, grifo nosso).

Ora, Lavater não poderia estar falando sobre a sua encarnação como Jan Huss, porque, contando a de druida, as conhecidas e aceitas, esta seria a quarta: druida, Jan Huss, Kardec e a próxima a que Lavater se referia na mensagem. Assim, é mais fácil Lavater estar se referindo a encarnações ligadas à missão de ajudar "a religião universal do porvir". E aí, são três encarnações, conforme a nossa teoria: Lavater, Kardec e a terceira, que ainda não tinha acontecido: Eurípedes Barsanulfo.

Nada há que espante que Lavater se refira a si mesmo, como Kardec, na terceira pessoa: Kardec anota esse fato, em que espíritos se referem à sua encarnação passada na terceira pessoa. O Sr. Jobard, diretor do Museu das Indústrias de Bruxelas e presidente honorário da Sociedade Espírita de Paris, dá a seguinte comunicação depois de desencarnado: "Em minha penúltima existência, eu era operário mecânico, roído pela inveja [...]. Como Jobard, realizei os sonhos do pobre operário..." (KARDEC, 2005c, p. 228, grifo nosso).

Sabe-se também que Eurípedes pede a Cristo, através de Santo Agostinho, que lhe seja permitido abrir um hospital espiritual para tratar dos médiuns que chegavam ao astral em dolorosas condições. Por que isso? Por que se sentir tão responsável por médiuns falidos em sua missão? Acho que isso também sugere serem Kardec e Eurípedes a mesma pessoa.

3. Eurípedes Barsanulfo:
um dos expoentes do espiritismo no país

Educador emérito com traços pestalozianos, Eurípedes foi o servo de todos. O seu dia começava às quatro da manhã e não tinha hora para terminar. Atentem nas atitudes, na inteligência, nas qualidades morais, nos atos! Agredido, nunca revidou. Só tinha amor para os que tentavam ofendê-lo e desmoralizá-lo. Médium de bicorporeidade, Eurípedes materializava seu corpo espiritual e fazia partos e operações, além de aparecer a muitas pessoas, dando-lhes conselhos e orientações.

Um homem à frente de seu tempo

Eurípedes Barsanulfo – educador, jornalista e médium brasileiro – nasceu em 1° de maio de 1880, em Sacramento (MG), em uma família que passava por grandes dificuldades financeiras e que tinha muitos filhos.[3]

Ele e seus irmãos usavam como principal vestimenta uma camisolinha de tecido grosso (era costume, na época, os

[3] Não se pretende, neste livro, exaurir a biografia de Eurípedes. Para os interessados em sua vida e obra, recomendamos a leitura de *Eurípedes: o Homem e a Missão* (NOVELINO, 2001) e *Eurípedes Barsanulfo, o Apóstolo da Caridade* (RIZZINI, 2014).

meninos vestirem camisola até os sete ou oito anos), feita por Meca, sua mãe, que acrescentava a esses modelos um bolsinho, onde os meninos guardavam um naco de pele de porco e um pedaço de rapadura. Os meninos chupavam a pele e a guardavam de novo. A operação durava o dia todo. E dava para enganar a fome.

Com a aquisição pelo Sr. Mogico, pai de Eurípedes, de uma casa comercial, as coisas começam a melhorar no orçamento da família.

Eurípedes ajudava o pai no balcão da loja desde pequeno, além de muitas vezes ser responsável pelos cavalos e de carregar as malas dos viajantes, ganhando algumas moedas por isso.

Depois que acumulava bastante moedas, ele as trocava por notas e as entregava à mãe, dizendo alegremente: "Guarde, mãe, para o dia em que a senhora não tiver pão em casa".

As lágrimas de ternura da mãe banhavam as faces do filho. Era o primeiro dos grandes testemunhos que aquela grande alma daria existência afora.

Eurípedes menino.
Fonte: Acervo do Museu de Sacramento.

Eurípedes também ajudava na instrução e educação dos irmãos menores.

O pequeno Eurípedes tinha inteligência notável e era muito ligado à família, especialmente à sua mãe, que estava sempre muito doente. Ele sonhava, então, em curar sua mãezinha.

Quando o Sr. Mogico levou Eurípedes para o Colégio Miranda, o menino contava nove anos e já havia aprendido as primeiras letras em brilhante curso intensivo na escola primária do Sr. Joaquim Vaz de Melo Junior, conhecido por Tatinho.

No Colégio Miranda foi encaminhado a uma classe adiantada, correspondente ao ginásio.

Tornou-se assistente dos professores, assumindo as funções de monitor, que desempenhou com entusiasmo e dedicação e onde iniciou atividades pedagógicas, que o levariam à posição de invulgar destaque no magistério sacramentano.

O Colégio Miranda deu a Eurípedes excelente bagagem intelectual. Ali aprendeu francês – idioma que manejava com fluência em conversas e pesquisas –, latim (apesar de essas matérias não estarem incluídas no currículo do educandário) e língua portuguesa, disciplina em que se tornou, posteriormente, mestre, com processos didáticos próprios (Kardec e Jan Huss também eram exímios mestres em sua língua materna).

Com humildade, Eurípedes transmitia aos colegas lições metodizadas de língua portuguesa, francês e matemática, disciplinas que manejava com facilidade.

A Reencarnação de Allan Kardec

Em 1892/3, Eurípedes, então com 13 anos, juntamente com alguns amigos, funda o Grêmio Dramático Sacramentano, que levou muita cultura e peças de elevado teor moral a Sacramento.

Depois de concluir os estudos até o nível que lhe permitia a educação da época em Sacramento, o pai decide matriculá-lo na Escola da Marinha no Rio de Janeiro, no curso superior de medicina. Eurípedes chega a ir, mas sua mãe adoece devido à ausência do filho e ele decide, então, abandonar o Rio de Janeiro e voltar para Sacramento. E nunca mais tocou no assunto.

Ele passa a trabalhar, então, como guarda-livros, fazendo a contabilidade no escritório comercial de seu pai, passando a auxiliar, também desde cedo, a manutenção do lar.

Autodidata, adquiriu conhecimentos de medicina e direito, além de astronomia, filosofia, matemática, ciências físicas e naturais e literatura, mesmo sem ter cursado o ensino superior.

Depois de estudar homeopatia em livros emprestados de um amigo, Eurípedes, com a ajuda do pai, instala em casa uma pequena farmácia homeopática para ajudar a comunidade pobre de Sacramento e também as famílias abastadas. De manhã cedo, saía para visitar a comunidade carente da periferia da cidade. Aos poucos, tornara-se a Providência dos sofredores. Mães aflitas levavam-lhe os filhinhos, em busca de solução para seus problemas. Eurípedes atendia a todos, carinhoso e dedicado. A personalidade do jovem já mostrava o missionário que viria a ser.

Eurípedes, católico fervoroso, mais tarde seria cofundador da Irmandade de São Vicente de Paulo. Ele queria sempre agradar a Deus, para que fosse digno da cura de sua mãe. Os padres da cidade o tinham em alta estima, bem como toda a sociedade, pelo aluno brilhante que era, por suas atividades pedagógicas e culturais, além de suas atividades de auxílio ao próximo na cidade.

Em 1902, então com 22 anos de idade, Eurípedes funda, juntamente com seus antigos professores João Gomes Vieira de Melo, Inácio Martins de Melo e outros, o Liceu Sacramentano, escola de nível básico, médio e superior. Eurípedes era um dos professores e seu método de ensino era muito avançado para a época, lembrando muito o de Pestalozzi, sem que ele tivesse tido qualquer contato com a didática do grande mestre de Yverdun.

Alguns alunos do Liceu, mais tarde, fundaram um serviço de assistência aos necessitados, denominado Sociedade dos Amiguinhos dos Pobres. Na mesma época, Eurípedes participou da fundação do jornal semanal *Gazeta de Sacramento*, em que publicava artigos sobre economia, literatura, filosofia etc., estreando, assim, como jornalista.

Tornou-se líder em sua cidade por seu trabalho no magistério e na imprensa. Sua popularidade o fez eleger-se vereador, em cujo mandato, durante seis anos, beneficiou a população com luz e bondes elétricos, cinema, água encanada e cemitério público. Acabou renunciando ao cargo, por não concordar com uma mudança na legislação que beneficiaria somente os que estavam no poder. Nessa ocasião, Barsanulfo, ainda católico, era o presidente da Conferência de São Vicente de Paulo.

No ano de 1903, Eurípedes ganha um exemplar da *Bíblia* de um sacerdote amigo seu. Tudo o que ele conhecia até então do Evangelho era o que ouvia nas missas e em conversas com os padres, pois a leitura desse livro em português era proibida a quem não fosse da Igreja.

Ele lê com avidez toda a vida de Cristo e se depara com o Sermão da Montanha, onde Jesus promete consolação a todos os pobres da Terra. Mas ele não entende como a consolação pode se dar, visto muitos morrerem sem terem justiça. Ele não conhecia ainda o conceito de reencarnação, que viria, mais tarde, aclarar seu entendimento, e a primeira dúvida sobre os ensinamentos da Igreja penetra em sua mente.

Alguns podem se perguntar: "Como Eurípedes poderia não conhecer a reencarnação se fosse Kardec?". Para responder a isso, diremos que o grande missionário de Lyon não acreditava nos espíritos antes de sua "conversão".

A conversão

Nesse mesmo ano, Eurípedes ouve falar de manifestações espíritas na Fazenda Santa Maria, localizada próxima a Sacramento, onde espíritos do tempo do Evangelho estariam se manifestando através de pessoas simples do campo e curando muitas enfermidades.

Um dos principais médiuns de Santa Maria era o seu tio Sinhô Mariano, com quem ele tinha as mais acirradas discussões sobre teologia.

Mariano queria explicar-lhe a doutrina espírita, mas, homem simples do campo, não tinha o mesmo poder de argumentação e cultura de Eurípedes. Um dia, não podendo vencer Eurípedes em seus conceitos e argumentações, estende a ele o livro *Depois da Morte*, de Léon Denis (2011), e lhe diz: "O que eu não soube explicar, meu sobrinho, este livro vai fazer por mim".

Observem que o tio não lhe dá uma obra de Kardec, mas de Léon Denis. É como se fosse uma estranha coincidência, mostrando a solidariedade das varias encarnações.

Kardec mostrou o caminho a Denis, que agora o mostra a Eurípedes. E há mesmo uma corrente que diz que eles já estiveram juntos – Kardec e Denis – em várias encarnações. Na época de Jan Huss, acredita-se que Denis era John Wycliffe.

Eurípedes encontra no livro conceitos filosóficos sobre a vida e a morte que lhe parecem corretos e identifica, na reencarnação e na responsabilidade de cada um, a causa para desequilíbrios físicos, morais e sociais. Eurípedes se sente impressionado pela grandeza do raciocínio do filósofo do espiritismo. Mais tarde, ele diria, elogiando a obra de Denis: "– Jamais vi alguém cantar as obras da Criação com tanta profundidade e beleza".

Depois de ler e reler o livro de Denis, Eurípedes concorda em assistir a uma sessão espírita na Fazenda de Santa Maria, onde seu tio Mariano e outros trabalhavam. Havia-se construído um centro espírita ali, onde coisas incríveis aconteciam.

Eurípedes vai com o tio e, antes de eles chegarem, dois lugares já estão reservados, sem que eles tivessem avisado que iriam à sessão – obra dos espíritos, que queriam destruir toda e qualquer dúvida em Eurípedes. Chegando lá, a sessão tem início.

Eurípedes está respeitoso e maravilhado com a simplicidade e a fé das pessoas presentes. Mas, cético, pede mentalmente uma prova: se existem espíritos, que São João Evangelista venha lhe explicar, pela boca do médium Aristides, que era seu parente e semianalfabeto, o Sermão da Montanha.

O caboclo Aristides se levanta e dá a maior e mais bela explicação sobre o Sermão da Montanha que Eurípedes jamais ouviu. Discorre sobre a lei da reencarnação, a justiça de Deus sendo feita nas diferentes existências terrestres, a lei de causa e efeito, tudo pela ótica espírita. Eurípedes compreende, ali, toda a beleza dessa mensagem divina. No final da brilhante exposição, o espírito se identifica: "João, o Evangelista". Mais surpresas aguardavam Eurípedes.

Em seguida, é a vez de Bezerra de Menezes saudá-lo através da incorporação. Logo depois, São Vicente de Paulo manifesta-se:

> – Eurípedes, eu sou seu espírito protetor e lhe assisto desde o nascimento! Somos amigos de outras

vidas! Sim, Eurípedes, de muitas outras vidas. Na França, Eurípedes, já foste eclesiástico, médico e professor, e agora tem uma missão importante a realizar no Brasil.

– Abandone a irmandade de São Vicente de Paulo, apesar de levar meu nome, e a Igreja. Vamos entrar em um novo caminho. Convido-o a criar outra instituição, cuja base será Cristo, e cujo diretor espiritual serei eu, e você o comandante material. Afaste-se de vez da Igreja.

– Quando você ouvir o repicar dos sinos e o som da música sacra, não se sinta saudoso nem magoado, porque o Senhor nos oferece um campo mais amplo de serviço e nos conclama à ação dinamizadora do amor.

– Propague a sua nova fé aos quatro ventos. A missão principal será a de curar e Bezerra de Menezes vai auxiliá-lo nessa tarefa. Jesus, em verdade, é quem nos dirige. As portas de Sacramento vão fechar-se para você, meu filho. Você atravessará a rua da amargura e seus amigos vão ridicularizá-lo publicamente. Mas não se importe. Proclame sempre a verdade. A partir dessa hora, as responsabilidades do seu espírito se ampliaram ilimitadamente. (NOVELINO, 2001, p. 85).

Outras surpresas a noite reservava a Eurípedes: ele viu a mesa de quatro pés se movimentar sem contato das pessoas e transmitir mensagens filosóficas; inclusive, subir e descer degraus; ouviu vozes que ora pareciam que vinham da parede, ora do teto. As provas da existência dos espíritos se apresentaram todas a Eurípedes: fenômenos físicos e inteligentes se multiplicavam!

Como opinião pessoal, diria que todos os espíritos, grandes e pequenos, estavam saudando o Grande Codificador, o "Mestre", como vários espíritos se referiam a Kardec durante a Codificação: "Caro Mestre", "Amado Mestre".

Eurípedes sente-se tonto, faz uma prece fervorosa a Jesus e sente-se desprender do corpo: O que lhe foi mostrado no mundo espiritual naquela noite, Eurípedes, por uma questão de humildade, não quis contar a ninguém.

Terminada a sessão, Eurípedes pede perdão a seu tio por ter duvidado dele. E pede que o tio o acompanhe, porque quer ver um leproso, Carlos, que vive em um casebre no meio do mato. O tio lhe pergunta: "Eurípedes, a essa hora? Para que quer ir lá?". E o moço lhe responde que não vai poder dormir sem ir visitá-lo. E lá se vão os dois visitar Carlos.

Chegando lá, Eurípedes abraça Carlos e lhe beija as mãos. Fala-lhe sobre o Evangelho, dirige-lhe palavras de conforto e deixa-lhe algumas provisões. O tio, abismado, lhe diz: "Como disse São Vicente de Paulo, você deve ser um missionário. Teve coragem de beijar um leproso".

Eurípedes lhe responde que sentiu, muitas vezes, desejo de visitar Carlos, mas tinha medo da lepra. Mas, agora, não tinha mais.

Fazenda Santa Maria, em Sacramento (MG).
Fonte: Acervo do autor.

Eurípedes retorna a Sacramento. Com a honestidade que o caracterizava, vai primeiro à Igreja para comunicar seu afastamento. Todos ficam boquiabertos e lhe perguntam a razão de tal decisão. Ele conta que viu a verdade no espiritismo.

Todos se revoltam e lhe dizem: "Isso é doutrina de satanás! Você está louco! O professor ficou louco!".

Barsanulfo ouve todas as ofensas com profunda humildade. Na saída, disse ao padre seu amigo: "Deixo a igreja, é verdade, padre. Mas você terá sempre em mim um amigo".

A sua família revolta-se e não entende a sua nova fé. O pai e a mãe lhe pedem para reconsiderar, pela sua posição na cidade, e abandonar o espiritismo. E Eurípedes responde: "Meu pai, sempre lhe obedeci, mas, em matéria de religião, não posso ceder. O espiritismo pode curar, inclusive, os loucos. Vi a verdade em Santa Maria e não posso renegá-la".

Muda-se, então, da casa de seus pais.

O pai, Mogico, não entendia de religião, mas o filho, inteligente e culto, certamente tinha razões para romper com a Igreja. Mas, no começo, não lhe deu apoio moral. Em casa (bem entendido), porque na rua não admitia que alguém criticasse Eurípedes: "Você é mais culto do que meu filho? Mais inteligente? Trata dos pobres e sofredores? Então, com que autoridade o critica?".

E o Sr. Mogico, defendendo o filho, propagava o espiritismo.

Após um ano de sua conversão ao espiritismo, conta-se que sua mãe, dona Meca, foi procurar o filho:

> – Eurípedes, seu pai manda lhe dizer que abandone o espiritismo e queime todos esses livros, porque ele não quer filho doido em casa...
> – Meu pai conhece o espiritismo?
> – Dou-lhe o recado de seu pai, simplesmente. Só sabemos que o espiritismo é arte do demônio. Você precisa abandonar essas coisas, meu filho... (NOVELINO, 2001, p. 92).

Eurípedes inicia, então, a explicar para a mãe por que abraçara a doutrina espírita. E derrama em seu coração, já preparado em existências passadas, toda a lógica e a consolação da doutrina.

E a sua mãe, mulher corajosa, chega horas depois ao marido e lhe comunica que também se tornara espírita. Acrescenta que o filho mandara lhe dizer que ele estudasse o espiritismo e depois fosse conversar com ele.

Kardec sempre dizia o mesmo a todos os que julgavam o espiritismo sem conhecê-lo.

Anos depois, toda a família, sob a benéfica influência de Eurípedes, se converteria à Terceira Revelação.

Eurípedes tem um sonho com Jesus. Nele, o Cristo está chorando. Eurípedes lhe pergunta: "Senhor, por que choras? É pelos descrentes do mundo?". Jesus lhe dirige o olhar e responde: "Não, meu filho. Choro por todos aqueles que conhecem o Evangelho, mas não o praticam".(NOVELINO, 2001, p. 87).

Depois de acordar, Eurípedes aumenta ainda mais suas atividades na caridade.

Quem conhecia mais o Evangelho que Kardec?

Eurípedes funda, em 1905, em sua casa, por sugestão do espírito Bittencourt Sampaio, o Grupo Espírita Esperança e Caridade, onde, além de realizar reuniões mediúnicas e doutrinárias, também prestava auxílio aos mais necessitados. Foi médium inspirado, vidente, audiente, receitista, psicofônico, psicógrafo e de desdobramento. Como médium receitista, psicografava prescrições do espírito Bezerra de Menezes. Eurípedes era também médium de bicorporeidade: ele materializava o seu espírito a longas distâncias e realizava partos, operações e curas.

Muitas mensagens recebiam ali, com assinaturas de nomes importantes e históricos, mas Eurípedes jamais as tomou a sério. O irmão de Eurípedes, Homilton Wilson, dizia que essas mensagens eram como "um sol pintado na parede" e que ele esperava que nunca viessem a ser publicadas. Eram mensagens perniciosas, pretendendo ser "resplandecentes".

E eu pergunto: por que tantas mensagens falsas assinadas com nomes importantes? Ora, se Eurípedes foi Kardec, isso se explicaria facilmente. Os espíritos estariam testando Kardec, para ver se conseguiriam enganá-lo. Mas Eurípedes nunca se rendeu a essas mensagens.

O serviço aumentara muito e a farmácia de Eurípedes ampliava em tamanho, sob a direção do Dr. Bezerra de Menezes.

O "médico dos pobres" se manifestava e atendia através de Eurípedes de diversas maneiras: quando os centros nervosos de Eurípedes se ressentiam pelo desgaste e a intuição se tornava difícil, Bezerra utilizava as faculdades mecânicas do médium; quando as faculdades mecânicas apresentavam sinais de fadiga, o Dr. Bezerra servia-se da audição de Eurípedes, ditando-lhe receitas e mais receitas; quando o serviço exigia mais rapidez, o benfeitor exibia uma tela branca à visão do médium, na qual apareciam as receitas solicitadas. Pedidos de remédios e de receitas vinham de todo o país, porque a fama de Eurípedes se espalhara rapidamente.

O colégio Allan Kardec

Logo após a conversão de Eurípedes ao espiritismo, que, naquela época, era considerado doutrina demoníaca, muitos alunos, pais e professores abandonam o Liceu e o professor Barsanulfo.

Esse momento crítico de sua existência nos é revelado por Corina Novelino (2001, p. 110):

> Um dia, porém, ele se entristecia profundamente. Achava-se abandonado quase, no vazio da sala de aula. Pusera-se a chorar, no silêncio, ardorosa prece.
> Sentiu insinuante vontade de escrever, enquanto todo o ser se lhe banhava em magnetismo suave, muito suave, de fluidez radiosa desconhecida.
> Um nome de elevado destaque das esferas superiores impusera-se-lhe aos canais intuitivos. Ele reage. Não pode ser, não merece receber o beneplácito direto da entidade anunciada.
> Deixa o papel, julgando-se vítima de um embuste.
> Eis que uma força superior toma-lhe do braço e, mecanicamente, transmite pequena mensagem, mais ou menos nestes termos:
> "Não feche as portas da escola. Apague da tabuleta a denominação Liceu Sacramentano – que é um resquício do orgulho humano. Em sua substituição coloque o nome – Colégio Allan Kardec. Ensine o Evangelho de meu filho às quartas-feiras e institua um curso de Astronomia. Acobertarei o Colégio Allan Kardec sob o manto do meu Amor."
> A linguagem sublime da Santíssima derrama-se em todo o conteúdo da mensagem, onde apõe Ela o selo de Sua identidade, através das vibrações do Seu Amor.
> No final, firma o documento precioso: – *Maria, serva do Senhor*.
> Eurípedes seguiu à risca as instruções espirituais de Maria Santíssima.

Assim, em 31 de janeiro de 1907, foi criado o primeiro educandário brasileiro com orientação espírita, o Colégio

Allan Kardec, onde os alunos recebiam aulas de evangelho e de moral cristã. Ele instituiu também, conforme o pedido de Maria, mãe de Jesus, um curso de astronomia. Eurípedes ministrava aulas de matemática, geometria, aritmética, trigonometria, ciências naturais, botânica, zoologia, geologia, paleontologia, português, francês, astronomia, inglês e castelhano. O Colégio Allan Kardec, desde esse dia, floresceu e foi referência no estado de Minas Gerais no ensino, sob a direção de Eurípedes e seus assistentes.

Busto de Eurípedes Barsanulfo (colégio Allan Kardec, Sacramento, MG).
Fonte: <http://anespbmovimento.blogspot.com.br/2009_12_13_archive.html>.

Muitos alunos de Eurípedes nutriam grande amor pelo mestre, havendo mesmo relatos de que alunos seus, até o fim da vida, levantavam-se em sinal de respeito ao pronunciarem o nome do professor Barsanulfo.

O professor dava aulas magistrais em meio à natureza, aproveitando toda oportunidade para levar aos alunos o conhecimento da obra de Deus.

A educação foi a obra da vida de Eurípedes, tanto que, perto de seu desencarne, ele pediu: "Fechem a farmácia, mas não o colégio".

Sua mãe Meca, enquanto pôde, ia sempre ao Colégio Allan Kardec, mesmo depois do desencarne de Eurípedes.

Vista lateral do colégio Allan Kardec, em Sacramento (MG).
Fonte: Acervo pessoal do autor.

Um dos fatores que sempre foram a favor de Eurípedes foi a educação. O governo, na época, estava progredindo na educação e os métodos utilizados por ele estavam à frente de seu tempo, sendo modelo para muitos centros educacionais. Mesmo diante das dificuldades, ele executou um trabalho de empreendedorismo evolutivo com benefícios não só para Sacramento.

As farmácias, o Colégio Allan Kardec e o Grupo Espírita Esperança e Caridade foram apenas algumas das obras desse homem que foi chamado "O Apóstolo do Triângulo Mineiro". Morreu aos 38 anos, vítima da gripe espanhola. Mesmo acometido da moléstia, arrasadora para boa parte da população brasileira, Eurípedes não parou de atender aos que dele necessitavam.

Alguns relatos sobre Eurípedes

Os relatos a seguir foram transcritos de dois livros sobre a vida de Eurípedes: *Eurípedes: o Homem e a Missão*, de Corina Novelino, e *Eurípedes Barsanulfo, o Apóstolo da Caridade*, de Jorge Rizzini.

Eurípedes Barsanulfo sempre fora muito tolerante com os crentes de qualquer religião. Ajudava-os, inclusive. Um dia, acercou-se de si um homem muito pobre, dizendo:

– Seu Eurípedes, o meu caçula está doente e me disseram que as crianças que morrem sem ter batismo não vão para o céu. Fui batizar meu crioulinho, mas o padre pediu dinheiro e eu não tenho. Se meu crioulinho morrer, irá para o inferno?

Eurípedes Barsanulfo, comovido, respondeu, tirando uma nota do bolso:

– Não, não vai. Mas tome aqui esse dinheiro e vá batizar seu pretinho, meu velho...

Outro fato de grande importância é que Barsanulfo, que fundou um colégio espírita, não pedia a nenhum aluno que seguisse o espiritismo, mas sim a religião que cada um quisesse seguir. Isso foi relatado não por ele, mas por pais de alunos do Colégio Allan Kardec.

Não podia ser diferente a postura de um mestre que defende a liberdade de crença e de consciência. Acaso Deus se acha mais em uma religião que em outra? Não são acaso os caminhos do coração do homem, que levam a Ele, e não essa ou aquela religião?

Apesar de ter visto a verdade no espiritismo, como Eurípedes mesmo disse, ele não impunha sua verdade a ninguém. Claro que converteu muitos ao espiritismo, mas foi pela sua extrema bondade e caridade e não por imposição.

Às pessoas que curou e ajudou, nunca perguntou pela crença, e ajudava e assistia constantemente, inclusive a inimigos confessos da doutrina espírita.

Atividades diárias de Eurípedes

Das 4h às 7h da manhã – Receituário de fora da cidade.

Das 8h às 10h – Manipulação e despacho dos medicamentos.

Das 10:30h às 15h – Atividades educacionais no Colégio Allan Kardec.

Das 15:30h às 17:30h – Receituário local e manipulação.

Das 19h às 21h – Tarefas no Grupo Espírita Esperança e Caridade, junto a enfermos e obsidiados.

Quintas à noite, contabilidade da casa comercial de Conquista. Nas pausas à noite: contabilidade da casa comercial de Sacramento, estabelecimentos que pertenciam a seu pai, e de onde Eurípedes recebia seu salário, que utilizava para seu sustento e abastecer sua farmácia homeopática.

No resto da noite, nas poucas horas em que Eurípedes conseguia de sono, era frequentemente chamado a qualquer hora para atender enfermos. O seu quarto tinha uma porta em que podia bater qualquer necessitado a qualquer hora da noite. Eurípedes estava sempre pronto a atendê-los. Além de todas essas atividades, atendia em desdobramento, quando sentia a aflição das pessoas e necessidade desses atendimentos. Note-se que era ele mesmo quem atendia e curava com seu corpo espiritual materializado. Conta-se que mesmo depois de sua morte muitas foram as pessoas atendidas pelo seu espírito.

As "viagens" de Eurípedes eram já bem conhecidas pelos alunos, que já sabiam que o professor tinha ido fazer algum atendimento de emergência ou ver algum fato importante. A cabeça pendia sobre o peito, por alguns minutos, e o seu espírito desprendia-se do corpo. Os alunos, quietos, esperavam para saber aonde e o que o professor teria ido fazer. De volta ao corpo, Eurípedes lhes contava tudo o que havia feito e visto.

Certa vez, disse Eurípedes sorrindo, após um transe durante uma aula:

– Prestem atenção. Acabo de estar em uma residência atrás da Igreja do Rosário, fazendo um parto difícil. O marido não sabe que já é pai e está a caminho daqui. Ele está, nesse momento, apeando em frente ao colégio. Vai subir os degraus da escada. Atenção, ele vai entrar na sala...

E o homem entrou muito aflito, pedindo a Eurípedes que fosse, urgentemente, fazer o parto, pois a mulher estava passando muito mal.

– Acalme-se, respondeu o médium sorrindo. Fiz o parto há cinco minutos...

– Não é possível, seu Eurípedes; cinco minutos atrás eu teria visto o senhor pelo caminho.

– O senhor não me viu porque fui em espírito. Mas eu vi o senhor. Pode voltar para sua casa. A menina que nasceu é bonita e forte.

O homem, porém, duvidou e temendo pela vida da esposa, levou Eurípedes. Chegando lá, a mulher, com a filhinha deitada ao lado dela, ao ver o médium, exclamou:

– O senhor não precisava vir de novo, "seu" Eurípedes, eu e o bebê estamos passando bem!

Eurípedes voltou rapidamente ao colégio para concluir a aula interrompida.

Quadro negro-negro e mesas usados pelo professor Eurípedes e seus alunos.
Fonte: Acervo do museu do colégio Allan Kardec.

Em outro caso semelhante, Eurípedes estava indo a cavalo com dois amigos fazer o parto em uma mulher em uma fazenda a 12 km de Sacramento. No caminho, um dos dois amigos ficou para trás e caiu do cavalo. Eurípedes, que não podia ver o que tinha acontecido, disse ao outro: "Há novidades! O Antenor caiu do cavalo; vamos voltar para ajudá-lo!". Voltaram e encontraram o Antenor, exatamente como Eurípedes dissera. Andaram mais um pouco ainda a cavalo, e Eurípedes disse: "Não há mais necessidade de irmos à fazenda. Já fiz o parto, em espírito, na Sra. Ana. Mas, como estamos perto da fazenda, vamos lá tomar um café".

Chegando lá, os amigos constataram que foi tudo como Eurípedes dissera. Ele realmente já tinha feito o parto, materializando seu espírito, minutos atrás.

Mas não era só parto que Eurípedes fazia em desdobramento. Certa vez, um homem enfiou um espinho no olho, e o médico, achando o caso difícil, disse a ele: "Homem, esse caso, só o Eurípedes pode resolver. Mas, como estamos muito longe de Sacramento, faça o seguinte: reze hoje à noite, e peça que ele venha lhe atender. Amanhã cedo estarei aqui com todos os instrumentos necessários, caso ele não venha".

No dia seguinte, o doutor chegando lá, o homem disse: "Não precisa mais, doutor. Ele veio, em espírito, exatamente como o senhor falou, e fez a operação". E mostrou um chumaço de algodão onde Eurípedes depositara o espinho.

O médico perguntou: "Tem certeza de que era ele?".

E o caboclo diz: "Claro, tem as feições que o senhor descreveu! E saiu daqui dizendo que ia esperar o senhor embaixo da árvore de copaíba na praça".

Chegando o médico lá, Eurípedes apareceu, lhe deu vários conselhos, tanto para a sua vida privada quanto para o movimento espírita local, e desapareceu de súbito.

Eurípedes tinha um aluno, o seu Cristino, que gostava de caçar passarinho quando era criança. Seu Cristino, certa vez, viu que no pátio do Colégio Allan Kardec tinha um ninho de sabiá, mas não ousava pegar o pássaro, porque Eurípedes, todos os dias, parava embaixo da árvore para ouvir o canto da ave.

Mas seu Cristino notou, certa vez, que o sabiá tinha um filhote. Subiu na árvore e levou o filhote para a sua casa.

Eurípedes chegou no dia seguinte e notou o sabiá nervoso, aflito, pulando pra lá e pra cá. Seu Cristino, da janela da

A Reencarnação de Allan Kardec

sala de aula, observava o professor. "Será que ele descobriu alguma coisa?", pensava Cristino.

Ao chegar à sala de aula, Eurípedes fala:

– Seu Cristino, quem será que tirou o filhote de sabiá da mãe?

– Não sei, seu Eurípedes...

– Acho que o meu discípulo que fez isso deveria ter compaixão e devolver o filhote à sua mãe... O senhor gostaria que o tirassem de sua mãe e o levassem para outra cidade?

– Não, seu Eurípedes.

– Pois, então, devolva o filhote de sabiá à sua mãe e lembre-se: sempre onde estiver um discípulo meu, eu também estarei...

Seu Cristino pensava: "Como pode o professor saber de tudo o que acontece no colégio? Ninguém engana ele! Ele consegue enxergar através das paredes e está em dois lugares ao mesmo tempo".

Jerônimo Cândido Gomide, com 21 anos de idade, era o enfermeiro dos obsidiados e zelador do Colégio Allan Kardec. Certa manhã, ele viu o professor Eurípedes Barsanulfo sentado em uma cadeira embaixo de uma árvore do colégio. Pensando que o professor estava dormindo, passou silencioso.

– Aonde vai o senhor, pisando como um gato? – perguntou o médium.

– Estou pisando assim para não acordar o senhor.

– Seu Jerônimo, segundos atrás, estive em espírito na casa da Dona Mariquinha, na Zagaia; a filhinha dela, que tinha crupe (difteria da laringe), morreu não faz um minuto.

Dona Mariquinha está me xingando e blasfemando contra Deus e Jesus.

Jerônimo concordou com a cabeça, mas não acreditou. Se a menina ainda ontem estava tão alegre! Fingindo varrer o pátio, contornou o prédio e, sorrateiro, saiu à rua, correu em direção à Zagaia e realmente encontrou a menina morta e Dona Mariquinha, aos gritos, blasfemando. E regressou ao colégio. Eurípedes Barsanulfo continuava sentado na cadeira.

– Venha cá, seu Jerônimo. É como eu disse, ou não?

– É, sim, senhor! Mas como sabe que eu fui verificar?

– Acompanhei-o em espírito. Pois é! Não se pode impedir o desencarne. A menina tinha de abandonar a Terra, mas a mãe nada compreende das coisas de Deus e blasfema. Quanto ao senhor, seu Jerônimo, é um Tomé: só acredita vendo...

Eulice Dilan, irmã consanguínea de Eurípedes, recebeu dos supremos desígnios uma das mais severas provações, que lhe valeram o expurgo de gamas milenares do espírito culpado, sempre contando com a abnegação de sua mãe e a assistência de Eurípedes.

Os sofrimentos tiveram início logo após o casamento da jovem.

Eurípedes, que curara centenas de obsediados, várias vezes avisara à mãe que sua irmã havia pedido aquele tipo de provação, a fim de libertar-se definitivamente da "nuvem de testemunhas" – cúmplices do passado em experiências menos felizes.

Assim ocorreu. Sob a vigilância e os cuidados maternos,

ela viveu cerca de trinta anos debaixo de terrível influência obsessiva, às vezes pacífica, outras vezes presa de furiosos acessos de possessão. Depois do desencarne e amparada pela falange de Eurípedes, hoje está "refeita e linda" no mundo espiritual, segundo psicografia de Chico Xavier.

A atitude de Eurípedes muito nos esclarece, pois achamos que todos têm que "curar-se", e Eurípedes diz à mãe que a irmã havia pedido aquele testemunho e que essa era a "cura" de que ela precisava.

Eurípedes curou também Dona Maria Modesto Cravo, que estava com a perna gangrenada e cujo médico lhe dera diagnóstico de amputação. Seu marido, que era militar, ouvira falar de Eurípedes e levou a esposa até ele.

Eurípedes iniciou no mesmo dia o processo de cura apenas com passes e água fluida no local. O processo infeccioso era ação de um espírito obsessor que foi doutrinado e afastado. Durou 21 dias o tratamento de Dona Modesta, que se recuperou plenamente e desenvolveu, posteriormente, significativas atividades na doutrina espírita.

Retratos de Maria Modesto Cravo e Eurípedes se espalham pelo Brasil central (Sanatório Espírita de Uberaba).
Fonte: Acervo do autor.

O processo criminal

Barsanulfo foi perseguido por parte do clero mineiro, que, aliado a um médico católico de Uberaba, moveu contra ele um processo penal sob a acusação de exercício ilegal da medicina, em 1917, que acabou arquivado pelo juiz da comarca.

O presidente do Círculo Católico de Uberaba, envolvido por forças das trevas, faz uma denúncia contra Eurípedes, a farmácia e o Colégio Allan Kardec. Tentando denegrir a imagem de Eurípedes, lança mão de falsos argumentos, tais como a alegação de que Eurípedes já ameaçara espancar o próprio pai e que as crianças estavam em perigo, convivendo com doentes e loucos no Colégio Allan Kardec. Era o ano de 1917 e o espiritismo era ainda malvisto no país.

Eurípedes foi intimado a depor, sob a acusação de exercício ilegal da medicina, por causa das muitas curas, operações e partos realizados. A verdade é que a fama de Eurípedes crescia muito além das fronteiras de Sacramento e uma multidão de aflitos, doentes e desenganados vinha de muito longe se tratar com Barsanulfo, e isso tudo só fazia o espiritismo crescer cada vez mais. Em São Paulo e em toda Minas Gerais, o nome de Eurípedes e a fama de suas curas eram conhecidos por todas as pessoas. O povo estava inconformado que o apóstolo do bem pudesse estar sob tão ignóbil acusação. Eurípedes, porém, estava sereno. Muitos confrades chegaram mesmo a pensar em desforra.

Enquanto corria o interrogatório, ele só pensava em uma coisa: seus doentes que estavam sem assistência.

Quando, finalmente, terminou o interrogatório na delegacia, Eurípedes dirige-se ao delegado e, humildemente, pede permissão para se retirar. Lá fora, a multidão o aguardava. Todos queriam conhecer as ocorrências, mas Eurípedes os acalmava, dizendo que nada de grave havia ocorrido e que ele precisava visitar alguns enfermos.

Ao regressar à casa, após as visitas, Eurípedes relata os lances da tarde, sintetizando propositalmente para não trazer preocupações aos amigos e familiares. Salientou, todavia, que era fundamentalmente importante o impositivo no esforço do Bem, no desdobramento das tarefas socorristas.

Tudo correria normalmente nas oficinas de trabalhos que Jesus confiou a seareiros leais. Cada um permanecesse no seu posto, cuidando das obrigações sagradas. O resto pertencia a Deus. Somente a Divina Providência pode ditar roteiros para as atividades humanas. Porque apenas Ela conhece as deficiências de nossos espíritos.

A palavra de Eurípedes, eivada de serenidade e imantada de vibrações poderosas, atingiu as fibras emocionais dos entes queridos que o ouviam. Lágrimas banharam as faces dos velhos pais, dos familiares e dos amigos. Nos corações instalava-se, mais segura que nunca, a certeza de que o serviço ao próximo tem força de lei, em todos os domínios da Criação, em todos os momentos.

Os amigos de Eurípedes, entretanto, corriam a oferecer-lhe préstimos. Alguns desejavam mesmo eliminar os autores da acusação.

O trabalho desenvolvido por Eurípedes nesse passo foi muito difícil. Foi-lhe necessário lançar mão de variados processos de persuasão para anular esse sentimento de revolta nos espíritos.

Certo dia, suplicara ele, chorando, a um amigo mais empedernido nos intentos de represália:

– Por favor, meu irmão! Os senhores fazem-me sofrer muito mais que meus acusadores. Serei a mais infeliz das criaturas, se um dos senhores tornar-se assassino por minha causa.

Nos depoimentos, as testemunhas todas disseram que não eram atendidas por Eurípedes, mas sim pelo espírito do Dr. Bezerra de Menezes, não fazendo nada por ele mesmo, mas sempre seguindo as orientações do Dr. Bezerra, e que ele nada cobrava por isso, frequentemente dando de graça toda a medicação necessária para os enfermos.

O processo prescreveu, porque todos os responsáveis ou eram amigos pessoais e parentes, ou já tinham sido atendidos por Eurípedes, e não podiam jurar que não seriam favoráveis a Eurípedes. O processo passou de mão em mão, ia e vinha de um juiz a outro e, finalmente, prescreveu.

Por ocasião desse processo criminal, sendo acusado de exercício ilegal da medicina, Eurípedes faz importante pronunciamento, documento escrito de defesa, se expressando nestes termos, defendendo a pureza de seu trabalho como intérprete dos espíritos, e colocando nestes termos sua missão:

> – Servir-se-á o Médium sincero do Espiritismo para ganhar outros proventos, além do prazer intenso e íntimo de restituir à família seu chefe, aos filhos, a mãe, aos seus amigos seu amigo?
>
> Poderá exigir-lhe paga, gratificação, ou recompensa dos beneficiados pelos Espíritos Benévolos, outra que não o exemplo sublime da arte de exercer a caridade tão abnegadamente feita pelas inteligências que exercem o Amor?
>
> Ambicionará o Médium Cristão Espírita o império das consciências? Pelo passageiro prazer da expansibilidade do egoísmo, do orgulho, da vaidade terrenos? Esqueceu-se ele do "quem se exalta se humilha e quem se humilha se exalta"? Varreu-se-lhe da memória o culto do justo, do verdadeiro, do belo, que faz aceitável o "Se alguém quiser me seguir, a si mesmo renuncie, tome sua cruz e siga-me"?
>
> Que aproveitaria ao homem ganhar o mundo inteiro e perder a si próprio?
>
> Utilizar-se-á o Médium do Espiritismo, que lhe

infunde veneração, respeito, amor à humanidade; servir-se-á dele como meio de iludir a boa-fé, prejudicar, lesar, afligir o homem?

(...) É farsante este, mas não Médium – intérprete dos Espíritos que ao encontro da humanidade vem para benefício moral, intelectual ou físico – aquele que de si mesmo agindo e operando, diz que isso vem da fonte de água viva pelo Cristo denominada: O Espírito Consolador.

Pairo, porventura, nessas regiões? Cabe-me o qualitativo? Miro-me em tão repelente espelho?

Acolheu-me a farsa? Possuiu-me o cinismo, a malvadez? Se sim, deploro-me, envergonho-me de mim, coro, aborreço-me e me repudio.

Se tal é verdade, eu mesmo me denuncio no rol dos piores conspurcadores de ideias, de causas santas e nobilitantes, sublimes, e entre todas santa, pura, pulquérrima, sublime: O Espiritismo.

A visita de Jesus e as entidades protetoras

Certa manhã, passados quatro dias depois que Eurípedes fora chamado a depor, viram-no chorando, dominado pela emoção. Justificou suas lágrimas dizendo:

– Como sou pequenino, como sou indigno! Não mereço tanto carinho dos espíritos. Como são dedicados! Sinto-me envergonhado de tantos benefícios, que não mereço!

– Um quadro de intraduzível beleza me apresentam esses Luminares da Espiritualidade.

– Lá está Ismael, postado sobre o telhado do Colégio Allan Kardec! O valoroso soldado do Cristo desembainha uma espada de luz e diz: "Nada temas, Eurípedes. Daqui serei o sustentáculo!".

– Agora é o Dr. Bezerra, que reafirma sua posição junto a nossas humildes tarefas socorristas, dizendo: "Daqui serei Eu"!

Eurípedes prossegue, emocionado:

– Desde o colégio até o prédio vizinho, passando a nossa frente, vejo conjuntos luminosos a formarem um letreiro de indefinível descrição.

– As letras têm um metro quadrado mais ou menos e formam frases, onde leio com expressões carinhosas, com profundo senso de minha pequenez: "Viva Eurípedes!". "Viva Eurípedes!"

Na madrugada seguinte, Eurípedes levantara-se muito cedo, como de costume, e foi para o quintal arborizado fazer a primeira prece do dia.

A família repousava ainda.

Desde madrugada, Eurípedes estava entregue à prece. Já estava quase amanhecendo.

De repente, Eurípedes entra cambaleante e trêmulo na farmácia. A secretária já estava ali para começar as tarefas do dia.

– Dona Amália – disse ele, com a voz embargada por poderosa emoção –, a senhora pode imaginar o espírito que se apresentou no caramanchão do jardim, no jasmineiro, sob o céu estrelado?

Vários nomes foram lembrados pela secretária, inclusive João Batista e Nossa Mãe Santíssima.

Os ouvidos da abnegada criatura receberam a mais maravilhosa e surpreendente revelação que lhe fora dado ouvir em toda a sua vida:

– O próprio Mestre, Jesus!

O impacto emocional atingiu-a em cheio. Jamais pudera admitir a visão do Cristo a qualquer criatura encarnada. Acabara de acontecer o impossível para o seu entendimento, porque nunca ouvira uma mentira ou falsidade dos lábios de Eurípedes.

Quando a emoção permite uma pausa na inibição vocal de Eurípedes, ele prossegue:

– Que beleza impressionante, inenarrável!

– O Mestre – continua Eurípedes com voz trêmula – baixou os olhos cheio de intensas luminosidades para o átomo caído aos seus pés e disse: "Meu filho, nada temas! Estamos com Deus. A vitória é nossa!".

– Naquele momento, os olhos do Mestre voltaram-se para o infinito e projetaram dois poderosos focos de luz, que atingiram alturas imensuráveis.

A emoção tomara conta novamente de Eurípedes. Emudecera, soluçando.

O mesmo aconteceu a Dona Amália, que registrou o fato sem uma palavra, sob o domínio de poderosa emoção.

Dentro em pouco, os dois dariam continuidade aos serviços normais da farmácia, abismados em profundíssimo silêncio.

As tentativas de morte contra Eurípedes

A vida de Eurípedes esteve muitas vezes em perigo, pois

seus adversários colocavam jagunços a vigiar-lhe os passos, à espera do momento propício para exterminá-lo.

Várias vezes os Benfeitores o avisaram dessas tentativas para matá-lo.

Certa noite, alguém bateu na janela do seu quarto, conforme o hábito das pessoas que vinham pedir remédios altas horas da noite.

Quando ia abrir a janela, o Dr. Bezerra lhe avisou:

– Não abra. Está aí um homem para matar você.

Eurípedes obedeceu. Cessaram as pancadas e, mais tarde, o agressor confessou a Eurípedes a tentativa de assassinato.

Outra vez, noite alta, Eurípedes foi chamado para realizar um parto. Pediu ao marido para ir para junto da enferma, que ele iria em seguida. Em seguida à saída do homem, o Dr. Bezerra lhe diz:

– Na esquina da Câmara Municipal, esperam-no dois indivíduos para eliminá-lo. Mas nada tema. Você terá a ajuda do Alto.

Eurípedes apanhou o chapéu e saiu, coração envolvido em uma prece. Ao passar pelo local, divisou dois vultos em atitude suspeita.

– Boa-noite, irmãos!

A saudação, ligada à divina fonte da paz, atingiu aquelas pobres consciências. Porque ambos corresponderam, descobrindo-se em um gesto reverente:

– Boa-noite, seu Eurípedes.

Depois de terminadas as aulas, muitas vezes, doentes eram atendidos através de passes no Colégio Allan Kardec. Em uma dessas reuniões, onde participavam médiuns de Sacramento e de Santa Maria, o telegrafista Carlos Viote entrara armado, apontando o revólver para Eurípedes, que estava em transe inconsciente. Santo Agostinho, incorporado em Eurípedes, muito tranquilamente diz ao telegrafista:

– Abaixe a arma, em nome de Jesus.

Carlos Viote entrou em estranha convulsão, dobrou-se e caiu no chão.

– Peço que não toquem nele. O obsessor já está sendo retirado, disse Santo Agostinho.

Segundos depois, Carlos Viote recobrava a consciência. O delegado de Sacramento, que assistia à reunião, lhe deu ordem de prisão. Mas Santo Agostinho aconselhou deixá-lo em liberdade. E disse:

– Façamos em favor dele e dos obsessores uma prece. A liberdade é necessária para Carlos, a fim de que se cumpra o seu destino.

Carlos Viote era presa fácil das trevas; vivia em bares, dado a briga e a bebidas. Dois anos após esse incidente, foi ele baleado com dois tiros. Eurípedes, chamado por populares, correu ao local, mas encontrou Carlos Viote já agonizante. Ainda assim, ao ver o médium desabotoar-lhe a camisa, tentando ajudá-lo, disse num fio de voz:

– Tentei duas vezes matá-lo. Eu estava no bar do Aristóbulo. Mas o senhor, não sei como, desapareceu de minha vista. Não sei por que fiz isso. Atentei duas vezes contra sua vida e é o senhor que vem agora me socorrer.

Eurípedes Barsanulfo começou a orar e Carlos Viote desencarnou em seus braços.

O donatista

Nas reuniões de desobsessão do Grupo Espírita Esperança e Caridade, manifestou-se certo espírito que se identifica como o "Donatista". Demonstrava respeito por Eurípedes, mas era firme em seus propósitos de fazer o mal. Dizia, inclusive, que já tinha terminado com muitos centros espíritas. Eurípedes, sempre respeitoso, debatia com o espírito, que demonstrava ter grande inteligência e conhecimentos, mas com o coração voltado para o mal.

Esses debates duraram três anos, durante os quais o donatista vinha discutir com Eurípedes. O grau de conhecimento do espírito retirava qualquer dúvida sobre a origem da comunicação, pois o médium habitualmente usado por ele possuía pouca instrução, e os assuntos ventilados estavam decididamente fora do alcance intelectual do médium.

Um dia, Eurípedes sente o ânimo do espírito arrefecer e uma brecha por onde a Luz Divina poderia entrar. E Eurípedes, com a sua humildade, pergunta ao donatista se poderia orar por ele, ao que o espírito consente. Momento de grande emoção para todos os presentes, que já conheciam aquela personagem e o combate travado. Eurípedes faz então uma comovente prece, transportando com a sua energia todos os presentes a regiões superiores da espiritualidade, tal é a beleza e força da prece que irradiam dele. O donatista começa a chorar de emoção e afirma:

– Mestre, fui vencido! Vencido pelo seu amor, Mestre! Eu, que derrubei e arruinei muitas pessoas e muitos centros espíritas, fui vencido pela força do seu amor! De agora em diante, estarei às suas ordens e ai de quem tentar fazer alguma coisa contra o senhor, pois personificais na Terra o amor e a humildade.

Há dois detalhes dignos de nota: o primeiro é que Eurípedes, sempre tão humilde, não repreende o espírito por chamá-lo "mestre", assim como Kardec também não o fazia. O segundo, é que não há, se bem me recordo, nenhum espírito na literatura espírita chamando a outro de "mestre", a não ser para Kardec.

O irmão de Eurípedes, em um verso em sua homenagem, também o chama de "mestre".

O debate contra o padre

Certa vez, foi Eurípedes Barsanulfo desafiado para um debate em praça pública. Um padre que veio de fora da cidade, conhecido por sua extraordinária oratória, fora convidado pela igreja local para desmoralizar Eurípedes e a doutrina espírita.

O padre chegou à cidade e já fez declarações que iriam desmoralizar a doutrina, e desafiou Eurípedes para um debate.

Eurípedes fora avisado pelos confrades, mas já sabia de tudo, pois tinha acompanhado, desdobrado do corpo, o pronunciamento do padre.

Ele disse que, se a ofensa fosse pessoal, ele não iria, mas como a doutrina espírita poderia ser desfigurada publicamente, ele aceitou.

No dia do debate, o padre começou e tentou provar que o espiritismo era o ateísmo, que era coisa do demônio, e por fim tentou desmoralizar Eurípedes.

Eurípedes, chegando sua vez, sempre educado, cumprimentou o padre, pediu que todos pensassem em Deus, e pediu proteção para todos, inclusive para o padre, e para todos que ainda não entendiam as verdades espirituais.

Fez uma sublime prece e começou a falar, inspirado por Santo Agostinho. As palavras fluíam vertiginosas de sua boca. Refutou, com uma lógica admirável, um a um, os argumentos do padre. No final, estava como que transfigurado.

Eurípedes venceu o debate, e a multidão quis carregá-lo pelas ruas, mas ele pediu calma, e voltou rapidamente para sua casa.

O espírito de Vicente de Paulo, certa vez, já no ano de 1918, leva Eurípedes a uma excursão astral, e Eurípedes pede à secretária que anote tudo que ele vai dizer. Ele começa a descrever aonde São Vicente o está levando e é um lugar mais lindo que o outro, até que chegam a uma escada, que leva para planos superiores, e atingem um plano lindíssimo, ao que São Vicente lhe diz: "É aqui sua morada, meu filho.

Terminou sua missão na face da Terra".

Eurípedes desencarna no mesmo ano, em 1918, quando a gripe espanhola entrou no Brasil. Eurípedes previu muito tempo antes a data de sua desencarnação e disse durante o ano todo: "Preparem-se para chorar no dia 1º de novembro. Vai desencarnar uma pessoa muito querida em Sacramento, mas essa pessoa está fazendo mais falta no astral que na Terra". Continuou trabalhando e cuidando dos doentes da gripe espanhola, até que contraiu o vírus, mas mesmo assim não parou. Continuou psicografando receitas e preparando remédios até que desmaiou, para não mais se levantar. Levado para sua cama, acordou durante a madrugada e disse: "Graças, Senhor, estou salvo!" Foram suas ultimas palavras.

Desencarnou às seis horas do dia 1º de novembro. Sua mãe, Meca, não derramou uma lágrima e consolou todos os presentes e conhecidos que vieram prestar homenagem a Eurípedes.

Quando um irmão de Eurípedes faleceu, tempos depois, Dona Meca andava chorosa pelos cantos da casa. Ao que outro irmão de Eurípedes perguntou: "Pelo mano Eurípedes a senhora não derrubou uma lágrima!". E ela respondeu: Mas não vê que Eurípedes não precisa das minhas lágrimas? Seu outro irmão sofre e eu sinto o sofrimento dele, por isso choro".

Dona Meca era uma grande médium vidente e de cura. Ela, frequentemente, via o espírito de Torquemada e dizia: "O queimador tá aí! Mas isso é bom! Ele não deixa a gente errar!".

A Reencarnação de Allan Kardec

Meca sempre teve o costume de deixar uma vasilha com água em seu quarto para ser fluidificada pelos espíritos. Quando ficou bem velhinha, ela segredou para uma parenta sua: "Minha filha, o Chico Xavier vem todos os dias fluidificar a minha água".

4. Obras de Eurípedes

Eurípedes Barsanulfo foi uma estrela de primeira grandeza que passou refulgindo por breves segundos aqui na Terra. Desencarnou com 38 anos, como muitos grandes iniciados do planeta: Cristo desencarnou com 33 anos; Vivekananda, com 39; Shankara, com trinta e dois. Parece que esses irmãos despendem toda a sua energia física em favor do próximo. Vêm, realizam missões com enormes influências e se vão.

Com Eurípedes não foi diferente, e a extensão de seu trabalho não é avaliada por causa de sua extrema humildade.

Desenvolve, em nível de missão, o espiritismo no Brasil. É o primeiro grande médium curador e receitista, cuja missão atinge nível nacional. Fazia operações de corte, sem anestesia, e espirituais. Fazia diversos partos e operações a distância, usando simplesmente a vontade, no fenômeno raro da bicorporeidade, ou seja, a capacidade de materializar o seu corpo astral a distância. Poucos santos tiveram essa faculdade, e foi geralmente usada em casos de verdadeiro perigo, não pela ação da vontade como usava Eurípedes.

Pela sua contribuição é que surge, em Uberaba, o Sanatório Espírita de Uberaba, fornecendo, ele mesmo, mediunicamente, por meio de Maria Modesto Cravo, que fora curada por ele, a planta do hospital. O Dr. Ignácio, diretor do hospital, hoje dirige o Hospital Espiritual Esperança no astral.

Sanatório Espírita de Uberaba (MG).
Fonte: Acervo do autor.

Palmelo, a única cidade espírita do mundo, foi fundada por Jerônimo Candinho, ex-aluno de Eurípedes Barsanulfo, que o ajudava no tratamento dos enfermos e nas atividades do sanatório em Sacramento. Depois do desencarne de seu mestre, ele vai morar no estado de Goiás.

Depois da fundação de um centro espírita em Caldas Novas, é fundado um pequeno centro na localidade de Palmelo e Jerônimo Candinho e a esposa se mudam para lá, desenvolvendo na região diversas atividades de cura e assistência, transformando Palmelo em um lugar muito procurado. A cidade, assim, se desenvolve em torno das atividades do centro espírita e não de uma igreja, como era o costume até então nas diversas cidades brasileiras.

Palmelo é considerada a cidade espírita do Brasil, com um médium para cada sete habitantes. Jerônimo Candinho fundou duas escolas ali.

Eurípedes exerceu influência muito grande em seu pupilo, que, até o final da vida, conta-se, não pronunciava o nome de Eurípedes Barsanulfo sem antes ficar de pé, por respeito à pessoa do professor.

Centro Espírita Luz da Verdade, lugar em torno do qual se desenvolveu a cidade espírita de Palmelo (GO).
Fonte: Acervo pessoal do autor.

O Centro Espírita Casa da Antuza, também fundado por uma ex-cooperadora de Eurípedes, é um lugar muito conhecido em Uberaba, e onde Chico Xavier costumava ir tomar passe. Antuza foi uma figura extraordinária na história espírita de Uberaba e recebeu várias vezes o auxílio de Eurípedes-espírito nos casos mais difíceis.

Vista parcial do Centro Espírita Casa da Antuza em Uberaba (MG).
Fonte: Acervo pessoal do autor.

Na cidade de Sacramento, a sua memória é reverenciada pelos benefícios que trouxe à cidade, como cinema, bonde, água encanada e muitos outros.

Alguns espíritos que trabalharam e deram sustentação e apoio à missão de Eurípedes: Jesus, Maria, São João Evangelista, Ismael, São Vicente de Paulo, Santo Agostinho, Dr. Bezerra de Menezes, Bittencourt Sampaio e muitos outros.

5. Hospital Espiritual Esperança

Transcrevemos, a seguir, trechos do livro *Tormentos da Obsessão*, ditado pelo espírito Manoel Philomeno de Miranda e psicografado por Divaldo Franco, cuja leitura integral recomendamos expressamente, pela relevância das informações sobre a obra de Eurípedes Barsanulfo no plano espiritual.

À guisa de introdução, o autor espiritual nos esclarece (MIRANDA, 2001, p. 5):

> Reunimos, na presente Obra, várias experiências que vivenciamos no Hospital Esperança em nossa Esfera espiritual, no qual se encontram internados inúmeros irmãos, falidos e comprometidos com o seu próximo, em lamentáveis estados de perturbação, sedentos uns de vingança, despedaçados outros pelas circunstâncias ultrizes e fatores de desespero a que se entregaram durante a reencarnação, após haverem abandonado os compromissos nobres, que substituíram pela alucinação e pelo transtorno moral que se permitiram.
>
> Nesse Nosocômio espiritual encontram-se recolhidos especialmente pacientes que foram espiritistas fracassados, graças à magnanimidade do Benfeitor Eurípedes Barsanulfo que o ergueu, dando-lhe con-

dição de santuário para a saúde mental e moral, e o administra com incomparável abnegação auxiliado por outros dedicados servidores do Certo e da Caridade.

Mais adiante, no capítulo 1 – Erro e Punição –, temos um relato interessante sobre as atividades e os objetivos daquele sanatório (p. 7-8):

> Em nossas reuniões habituais com amigos afeiçoados ao dever, não poucas vezes direcionamos as conversações para as questões que dizem respeito à justiça humana e à justiça divina, assunto palpitante que a todos nos interessa.
>
> Erro, punição, culpa e castigo, dolo e cobrança, fazem parte dos temas que reservamos para análise e debate, considerando o processo de evolução de cada indivíduo em particular e da coletividade em geral.
>
> Muito interessado na problemática obsessiva, diante das ocorrências do cotidiano terrestre, chama-me a atenção a grave interferência dos desencarnados no comportamento dos humanos.
>
> As manchetes sensacionalistas e estarrecedoras, apresentadas pelos periódicos da grande imprensa e o perturbador noticiário da mídia televisiva com espalhafato e pavor, revelando algumas expressões de sadomasoquismo dos seus divulgadores, na maneira de apresentar as tragédias e desgraças da atualidade; os comentários em torno da violência, gerando mais indignação e revolta do que propondo soluções, vêm-me despertando crescente sentimento de consternação pelas criaturas, acrescido do lamentável desconhecimento das variadas psicopatologias de que são vítimas, assim como das obsessões de que se fazem servas.

Comentando com amigos dedicados aos estudos sociológicos, psicológicos e penalógicos em nossa Esfera de ação, aguardei oportunidade própria para auscultar nobre especialista nessas áreas, com objetivo de esclarecer-me, ao tempo em que pudesse ampliar informações e estudos junto aos caros leitores encarnados, igualmente dedicados às terapias preventivas e curadoras dessa enfermidade epidêmica e ultriz.

Nesse estado de espírito, oportunamente fui convidado, por afeiçoado servidor de nossa comunidade, para um encontro íntimo com o venerável Espírito Dr. Bezerra de Menezes, numa das suas estâncias entre nós, cuja dedicação à Humanidade, na condição de desencarnado, se aproximava de um século de ininterrupto humanitarismo, em labor de caridade e iluminação da consciência terrestre.

A reunião fora reservada para pequeno grupo de pesquisadores das terapêuticas próprias para a criminalidade e suas consequências entre os seres humanos reencarnados, havendo sido convidados apenas aqueles dedicados ao importante mister.

Em uma área ao ar livre, reservada a tertúlias íntimas realizadas no Nosocômio, que fora programado para obsidiados que faliram nos compromissos terrestres, e que desencarnaram sob o guante dos transtornos psíquicos dessa natureza, teve lugar o encontro abençoado.

Erguido, graças aos esforços e sacrifícios do eminente Espírito Eurípedes Barsanulfo, na década de 1930 a 1940, aquele Sanatório passou a recolher desde então as vítimas da própria incúria, tornando-se um laboratório vivo e pulsante para a análise profunda das alienações espirituais.

O missionário sacramentano havia constatado ser expressivo o número de Espíritos falidos nos compromissos relevantes, após haverem recebido as luzes do Consolador, e que retornavam à pátria espiritual em lamentável estado de desequilíbrio, sofrendo sem consolo na erraticidade inferior.

Movido pela compaixão que o caracteriza, empenhou-se e conseguiu sensibilizar uma expressiva equipe de trabalhadores espirituais dedicados à psiquiatria, para o socorro a esses náufragos da ilusão e do desrespeito às soberanas leis da Vida, credores de misericórdia e amparo.

Médiuns levianos, que desrespeitaram o mandato de que se fizeram portadores; divulgadores descompromissados com a responsabilidade do esclarecimento espiritual; servidores que malograram na execução de graves tarefas da beneficência; escritores equipados de instrumentos culturais que deveriam plasmar imagens dignificadoras e que descambaram para as discussões estéreis e as agressões injustificáveis; corações que se responsabilizaram pela edificação, em si mesmos, da honra, abraçando a fé renovadora e delinquiram; mercenários da caridade bela e pura; agentes da simonia no Cristianismo restaurado ali se encontravam recolhidos, muitos deles após haverem naufragado na experiência carnal, por não terem suportado as pressões dos Espíritos vingadores, inclementes perseguidores aos quais deveriam conquistar, ao invés de se lhes tornarem vítimas, extraviando-se da estrada do reto dever sob sua injunção perversa...

Normalmente, naquele Instituto de saúde espiritual, se realizavam encontros esclarecedores, quando se analisavam as desditosas experiências dos seus pacientes. Vezes outras, candidatos à reencarnação com tarefas definidas na mediunidade estagiavam nos seus pavilhões, observando os companheiros que se iludiram e foram vencidos, ou escutando-os durante suas catarses significativas ao despertar da consciência, dando-se conta do prejuízo que se causaram a si mesmos, assim como aos outros, que arrastaram na sua vertiginosa alucinação.

Verdadeiro Hospital-Escola, ele constitui um brado enérgico de advertência para os viajores do carro orgânico, que se comprometeram com as atividades de enobrecimento e de amor.

No capítulo 2 – O Sanatório Esperança –, o autor espiritual nos relata sua conversa com um de seus diretores, Dr. Ignácio Ferreira (p. 11-16):

> Terminado o colóquio com o venerável Benfeitor Dr. Bezerra de Menezes, continuamos entretecendo comentários em torno do assunto ventilado, quando senti interesse de aprofundar conhecimentos em torno do Sanatório Esperança, onde anteriormente tivera oportunidade de realizar estudos sobre a obsessão, bem como experienciar outras atividades espirituais.
>
> Embora informado da finalidade do admirável Nosocômio, desconhecia detalhes da sua fundação.
>
> Apresentando-se própria a ocasião, face à presença em nosso grupo de um dos seus atuais diretores, o Dr. Ignácio Ferreira, que fora na Terra eminente médico uberabense, eu interroguei ao amigo gentil, sobre a história daquele Santuário dedicado à saúde mental, e ele, bondosamente respondeu:
>
> "Quando ainda reencarnado, Eurípedes Barsanulfo foi portador de verdadeiro medianato, porquanto conduziu as faculdades mediúnicas, de que era instrumento, dentro dos postulados enobrecedores da caridade e do amor, em uma vivência au-

reolada de exemplos de renúncia e de abnegação, havendo sido também educador emérito. Em razão dessas suas admiráveis faculdades, dedicou-se a atender os portadores de alienação mental, psiquiátrica e obsessiva, erguendo um Hospital, para socorrê-los, na cidade em que nascera. Conseguiu, naquele tempo, resultados incomuns, favorecendo os enfermos com a reconquista do equilíbrio. Não obstante a terapêutica acadêmica vigente, e que não podia aplicar, por não ser ele habilitado a exercer a Medicina nessa área, era a sua própria força moral que lograva o maior número de recuperações, face à bondade que expressava em relação aos pacientes desencarnados, assim como a misericórdia de que se utilizava para atender os padecentes dos graves transtornos psíquicos".

"Ser interexistente, ele viveu como apóstolo da caridade, possuindo extraordinários potenciais curadores e especial acuidade como receitista espiritual, dedicado ao socorro dos menos felizes".

"Nunca se negou a socorrer quem quer que fosse e mesmo àqueles que o perseguiam de forma inclemente, e que, ao enfermarem, não encontrando recursos hábeis para o reequilíbrio, buscavam-no, dele recebendo o concurso superior para o prosseguimento da jornada evolutiva".

"Desencarnando jovem, vitimado pela epidemia da gripe espanhola, que assolou o mundo, prosseguiu como missionário de Jesus amparando milhares de vidas que se lhe vincularam, especialmente na região por onde deambulara na recente existência encerrada".

"O seu nome tornou-se bandeira de esperança, e com um grupo de cooperadores devotados ao Bem, alargou o campo de trabalho socorrista, ampliando as áreas de atendimento sob a inspiração do Psicoterapeuta por excelência".

Sinceramente comovido, ante a evocação dos atos de caridade do eminente Espírito, prosseguiu, serenamente narrando:

"Não se limitando a socorrer exclusivamente os viandantes do carro físico, acompanhou, também, após a desencarnação, muitos daqueles que lhe receberam o concurso, neles constatando o estado deplorável em que retornavam à Pátria, vencidos por perseguidores cruéis que os obsidiavam, ou vitimados por ideoplastias terríveis derivadas dos atos a que se entregaram, enlouquecendo de vergonha, de dor e de desespero após o portal do túmulo".

"Formando verdadeiras legiões de alienados mentais, que se agrediam uns aos outros, chafurdando em paisagens de sombra e angústia, constituídas por abismos de sofrimentos insuportáveis, condoeu-se particularmente, por identificar que muitos deles haviam recebido o patrimônio da mediunidade iluminada pelas lições libertadoras do Espiritismo, mas preferiram enveredar pelos dédalos da irresponsabilidade, utilizando-se da superior concessão para o deleite de si mesmos e das paixões mais vis que passaram a cultivar. Outros tantos corromperam a palavra iluminativa, de que se fizeram instrumentos, utilizando-a para atender aos interesses escusos, ou negociar favores terrestres com desprezo pela oportunidade de edificação de muitas vidas que lhes aguardavam o contributo. Diversos mercadejaram os dons espirituais, tombando sob o vampirismo propiciado por verdugos do passado, que se compraziam em empurrá-los para mais graves despautérios, comprometendo-lhes a reencarnação".

"Diante da massa imensa de desesperados que haviam conhecido as diretrizes para a felicidade, mediante o serviço dignificante e restaurador dos ensinamentos de Jesus, mas que preferiram os jogos doentios dos prazeres exorbitantes, o missionário compadecido buscou o apoio dos Benfeitores de mais Alto, para que conduzissem a Jesus uma proposta sua, caracterizada pelo interesse de edificação de um Nosocômio espiritual, especializado em loucura, para aqueles que desequilíbrio apresentassem após a morte do corpo físico, e que também serviria de Escola viva, como igualmente de laboratório, para a preparação das suas reencarnações futuras em estado menos doloroso e com possibilidades mais seguras de recuperação".

"Depois de deferido o seu requerimento de beneficência, suplicou ao nobre Espírito Agostinho de Hipona, que na Terra o houvera auxiliado e inspirado no ministério abraçado, que se tornasse o intermediário das futuras necessidades da Instituição em surgimento junto ao Médico divino, a Quem suplicava bênçãos em favor da obra".

"Havendo o sábio cristão, autor das Confissões e de outros memoráveis trabalhos, aquiescido em intermediar os apelos do trabalhador do Bem junto ao Senhor Jesus, foi permitida a edificação do refúgio e abrigo especial para os doentes do Espírito, que se encontrassem sob tormentosas alucinações nos antros escusos da erraticidade inferior".

O bondoso narrador concedeu-nos uma pausa para apreensão da surpreendente história, logo continuando:

"Eurípedes providenciou a convocação de admiráveis psiquiatras e psicólogos desencarnados, que haviam, na Terra, cuidado das desafiadoras patologias obsessivas e auto-obsessivas, de forma que, preparada a Equipe, foram tomados os cuidados próprios para a edificação do Sanatório, situado nesta área distante do movimento da comunidade espiritual, a fim de que as bênçãos da Natureza contribuíssem também com elementos próprios para acalmar as suas torpes alucinações e ensejar--lhes renovação e paz".

"Obedecendo a um plano cuidadoso, foram erguidos diversos blocos, que deveriam atender a patologias específicas, tais como delírios graves, possessões de longo porte, consciências autopunitivas, desespero por conflitos íntimos, fixações mórbidas, hebetação mental, autismo consequente a arrependimentos tardios, esquizofrenias tenebrosas, obsessões compulsivas etc.".

"A região, amplamente arborizada, absorve o impacto vibratório dos tormentos que se exteriorizam dos conjuntos bem desenhados e das clínicas de repouso, para onde são transferidos aqueles que se encontram em processo de recuperação".

"Hábeis psicoterapeutas movimentam-se no abençoado complexo, auxiliados por devotado corpo de paramédicos, todos habilmente preparados para esse ministério de alta magnitude, demonstrando quanto é forte o liame do dever com amor, no atendimento ao desespero e à loucura".

"Afinal, a vida se expressa com intensidade no corpo e fora dele, sendo que, na sua realidade causal, mais significativas e vigorosas são as energias que compõem o ser, produzindo ressonâncias no futuro organismo somático, que vivenciará todas as ações desenvolvidas".

"Desse modo, os métodos de atendimento aos enfermos espirituais são fundamentados no profundo conhecimento do ser, das suas necessidades, dos fatores que levam ao fracasso os empreendimentos nobilitantes, das injunções penosas provocadas pelo intercâmbio com Entidades infelizes e perversas, dos desequilíbrios íntimos por acomodação e aceitação da vulgaridade e do crime...".

[...]

Novamente silenciou, para logo dar prosseguimento à narrativa interessante:

"Face à sua profunda vinculação com o Divino Médico, à entrada do amplo pavilhão central, Eurípedes mandou inscrever o lapidar conceito kardequiano: Fora da Caridade não há salvação, revivendo os exemplos do Senhor, que todos deveriam insculpir com vigor no imo, a fim de que o amor jamais diminuísse de intensidade no ministério socorrista, fossem quais fossem os resultados do labor em desenvolvimento ou conforme o enfrentamento dos desafios".

[...]

"Aqui, além do ministério de recuperação de pacientes mentais, em razão da sua especialidade, muitos candidatos a reencarnações como futuros psicoterapeutas e estudiosos do Espírito, conforme as visões das modernas Doutrinas transpessoais, vêm fazendo estágio, a fim de adquirirem conhecimentos para lidar com os problemas volumosos da obsessão, dos transtornos psicológicos, das psicopatologias que se apresentam cada vez mais dominadoras na sociedade contemporânea".

"Por outro lado, nobres pioneiros da hipnose como dos estudos da histeria, da psiquiatria, da psicanálise e de outras doutrinas correlatas, visitam com certa constância o respeitável Sanatório, para colher dados e aprimorar conhecimentos, alterar ou aprofundar informações que ficaram paralisadas, quando deixaram o corpo carnal na Terra...".

"De Thomas Willis, o psiquiatra inglês do século 15, a Filipe Pinel, de Mesmer a James Braid, de Wilhelm Griesinger a Kraepelin, a Charcot, a Freud, a Jung, apenas para nos referir a alguns dos cultos visitantes, muitas aulas têm sido ministradas, e debates são estabelecidos para que se encontrem os melhores métodos terapêuticos para imediata aplicação, não apenas nos internos como em favor dos viandantes da Terra, especialmente considerando-se a fragilidade das forças morais de muitos candidatos ao equilíbrio e à fidelidade aos postulados do dever, quando mergulham na carne".

"Muitos daqueles mestres do passado, que contribuíram para alargar o conhecimento em torno da psique humana, davam-se e dão-se conta agora ante o espetáculo truanesco e grandioso da vida em triunfo sobre a transitoriedade da matéria, da sabedoria incomparável de Jesus, quando conclamou as criaturas ao amor e à compaixão, à conduta reta em favor da vida futura, indestrutível, conforme o demonstrou com a Sua própria ressurreição..."

"Igualmente, muitos deles não conheceram o trabalho incomum de Allan Kardec, especialmente no que diz respeito às psicopatologias por obsessão, igualmente tratadas por Jesus, e raros, que poderiam haver pesquisado o valioso contributo do mestre lionês, não o fizeram por preconceito acadêmico, e tudo quanto ignoravam nessa área preferiram situar no verbete Ocultismo, pronunciado de maneira depreciativa".

"Algumas das tentativas terapêuticas de que foram iniciadores esses visitantes e ilustres mestres, agora são aqui aplicadas com eficiência, pelo fato de produzirem o efeito desejado no campo energético de onde procedem os fenômenos psicológicos e psiquiátricos, sede, portanto, do ser integral, espiritual, que somos todas as criaturas".

"Não ignoramos, todos os que aqui estagiamos, que qualquer tipo de enfermidade tem no Espírito a sua origem, face à conduta mental, emocional e moral que o mesmo se permite, produzindo transtorno vibratório que se refletirá na área correspondente do corpo perispiritual, e mais tarde no físico. Somente agindo-se no mesmo nível e campo, propondo-se simultaneamente a mudança de atitude psíquica e comportamental do paciente, se pode aguardar resultados satisfatórios na correspondente manifestação da saúde"..

Novamente interrompeu a surpreendente explicação, para prosseguir:

"Musicoterapia, preceterapia, amorterapia são as bases de todos os procedimentos aqui praticados, que se multiplicam em diversificados métodos de atendimento aos sofredores, conforme as síndromes, a extensão do distúrbio, a gravidade do problema. Concomitantemente, as indiscutíveis terapias desobsessivas recebem cuidados especiais, particularmente nos processos de vampirização, para liberar aqueles que submetem as suas vítimas, internando-os logo depois para tratamento de longo curso; para cirurgias perispirituais de retirada de implantes perturbadores, que foram fixados no cérebro e prosseguem vibrando na área correspondente do psicossoma; para momentosas regressões a experiências pregressas em cujas vivências se originaram os enfrentamentos e os ódios, demonstrando-se que, inocentes, realmente não existem ante a Consciência Cósmica; para liberação de hipnoses profundas; para reestruturação do pensamento danificado pelas altas cargas de vibrações deletérias desde a vida física; para reencontros com afetos preocupados com a recuperação de cada um daqueles pertencentes à sua família emocional...".

"Por outro lado, a fluidoterapia muito bem aplicada produz efeitos surpreendentes, tendo-se em vista aqueles que a utilizam, movimentando energias internas e trabalhando as da Natureza, que são direcionadas aos centros perispirituais e centros de forças, agindo no intrincado mecanismo das forças energéticas que constituem o Espírito".

"O amor, porém, e a paciência – acentuou com ênfase – assumem primazia em todos os processos socorristas, procurando amenizar a angústia e o desespero daqueles que se enganaram a si mesmos e sofrem as lamentáveis consequências".

"Convidados especiais, para a psicoterapia mediante palestras comovedoras e ricas de ensinamentos libertadores dos vícios, evocando vultos e acontecimentos históricos que merecem ser repensados, apresentam-se com assiduidade, fazendo parte do programa terapêutico deste Núcleo de Esperança, que sempre representa o Amor que nunca falta e pacientemente aguarda".

Havendo silenciado, algo comovido, deixou-nos o conforto que deflui da bondade de Deus, jamais desamparando os filhos rebeldes, que preferem os caminhos tormentosos, quando poderiam haver seguido a estrada do bem e do dever sem tropeços. [...]

As informações do Dr. Ignácio Ferreira deram-nos a dimensão perfeita da grandeza espiritual de Eurípedes Barsanulfo, cuja dedicação à vivência do Evangelho, à luz do Espiritismo, dele fizera um verdadeiro apóstolo da Era Nova.

Dando prosseguimento ao seu ministério de amor ao Mestre através do próximo colhido pelo vendaval da alucinação, com um grupo de abnegados mensageiros da luz erguera, sem medir esforços, aquele Nosocômio para o socorro aos enfermos do Espírito e o estudo preventivo da loucura, assim como das terapias próprias, com especificidade na área dos transtornos obsessivos de natureza mediúnica atormentada.

6. Colônia espiritual de Eurípedes Barsanulfo

Em razão da importância do hospital construído por Eurípedes no Astral, transcrevemos o capítulo 1 – Colônia de Eurípedes Barsanulfo – constante em *Imagens do Além*, obra ditada pelo espírito Lucius à médium Heigorina Cunha (LUCIUS, 1994, p. 1-15).

> A Colônia Espiritual de Eurípedes Barsanulfo, a que se refere o desenho de sua planta baixa [...], está no espaço que fica sobre a cidade de Sacramento (MG). Olhando-se a planta baixa da Colônia, e comparando-a com a planta baixa da cidade Nosso Lar, constante de nosso livro Cidade no Além, podemos ver que quem arquitetou a primeira inspirou-se nos princípios arquitetônicos da segunda, uma vez que aquela lembra muito esta em sua divisão em setores, agrupando os trabalhadores do setor, e dividindo-se em quatro asas, correspondendo cada uma a um setor de atividade. O prédio central, de forma redonda, abriga a Administração da Colônia e, por fora dele, os Parlatórios, em forma de U, símbolo do Universo, e em número de quatro, um para cada setor, destinam-se ao diálogo entre os residentes e os visitantes à procura de orientações, em transitório desdobra-

mento, para receberem instruções que conseguem guardar de memória quando despertam no mundo físico, com instruções e lembranças nítidas. As quatro divisões da Colônia são as seguintes:

1. O RECINTO DA ORAÇÃO
Onde, naturalmente, se estuda o Evangelho de Nosso Senhor Jesus Cristo, e se ora, individualmente ou em conjunto, como o próprio nome esclarece.

2. O HOSPITAL
Onde são recebidas as criaturas recém-desencarnadas para o tratamento que necessitam no seu processo de readaptação ao mundo espiritual, tendo em vista o equilíbrio do corpo espiritual.

3. A ESCOLA
Onde se ensina o respeito às Leis Divinas e matérias que interessam aos residentes, como Astronomia, Patologia Espiritual, etc.

4. ARQUIVO ESPIRITUAL DA COLÔNIA
Como o próprio nome define, trata-se de centro para onde convergem todas as informações que dizem respeito aos tutelados da Colônia, inclusive aqueles que ela promoveu a reencarnação e se acham ainda na carne.

Como se vê no desenho, as quatro divisões são marcadas com floridas alamedas, e as construções obedecem a uma simetria idêntica no seu todo. Quando apresentamos o desenho ao nosso Chico, dizendo-lhe ser da Colônia de Eurípedes, ele nos disse:

– Uma das Colônias...

E nos referiu uma que está sobre a cidade de Palmelo (GO), dizendo haver ainda outras delas.

A Reencarnação de Allan Kardec

Tivemos notícias dessa Colônia Espiritual de Eurípedes Barsanulfo pela mediunidade de nosso querido médium Francisco Cândido Xavier, em mensagem que consta de seu livro *Vozes da Outra Margem* (ed. IDE, Hércio M.C. Arantes, Espíritos Diversos), no capítulo Casa de Eurípedes no Mundo Maior, página 151, do qual destacamos os seguintes trechos:

"Capítulo 17 Casa de Eurípedes no Mundo Maior
Quando o sr. Edem recebeu em Uberaba, pelo lápis mediúnico de Chico Xavier, a 16 de junho de 1984, afetuosa carta de sua progenitora, D. Noêmia Natal Borges, prima de Eurípedes Barsanulfo, não esperava que, juntamente com notícias mais ligadas ao seu reduto familiar, ela trouxesse amplo noticiário da grande família 'euripidiana', já domiciliada no Plano Espiritual.

De fato, além dos consanguíneos, existe imensa família de corações, encarnada e desencarnada, gravitando em torno do missionário sacramentano que se doou à Humanidade, num apostolado de amor dos mais expressivos. Pois, em suas múltiplas funções: de destacado homem público, como jornalista e vereador; de emérito professor, com inovações pedagógicas avançadas para a época, aplicadas no Colégio Allan Kardec, que ele fundou em 1907; e de dedicadíssimo espírita, atuante em várias áreas, como orador, doutrinador e especialmente médium, dotado de várias faculdades, destacadamente a de cura, ele soube exemplificar a fé viva, o trabalho perseverante e a caridade sem limitações.

E, bem sabemos, suas atividades no Mais Além continuam, invariáveis, desde a sua desencarnação, em 1918.

Não é de estranhar, portanto, que a 'Casa de Eurípedes', localizada no Mundo Maior, conforme descrição da mensagem que transcreveremos a seguir, seja uma imensa instituição, 'de extensão difícil de ser mostrada com frases terrestres', refletindo, naturalmente, a extensão de recursos espirituais que irradiam desse tão querido servidor de Cristo:

Meu querido Edem, Deus nos abençoe. Agradeço a sua bondade filial, tentando a obtenção de notícias minhas.

(...) Gastei alguns dias, segundo imagino, para acordar, de todo, com bastante lucidez e fui informada de que estava admitida à Casa de Eurípedes, onde cada coração dispõe de espaço suficiente para aprender e renovar-se. Ali reencontrei a querida vovó Meca, o pai Manoel, a Eulice, a Mariquinhas, o Homilton, e quanta gente, meu Deus, que me lembrava o tempo em que perguntava pelos desencarnados queridos sem resposta.

Não sei como descrever a moradia de nosso querido Eurípedes, porque numa extensão difícil de ser mostrada com frases terrestres, ali se dividem o Lar, a Escola, o Hospital, o Recinto da Oração e os Parlatórios para diálogos entre os residentes e os visitantes à procura de orientações, incluindo os amigos ainda encarnados que chegam até nós em transitório desdobramento para receberem instru-

A Reencarnação de Allan Kardec

ções que conseguem guardar de memória, quando despertam no mundo, como intuições e lembranças que muitos consideram fantasia.

Ali, numa união fraterna em que se entrelaçam os nossos melhores sentimentos, estavam Amália Ferreira, Maria da Cruz, Maria Duarte, Sinhazinha Cunha, e outras muitas companheiras de ideal e trabalho, cuja companhia nos facilita o aprendizado do amor verdadeiro.

Dentre os mais novos companheiros recém-chegados, destaco a Corina, em preparativos para novas atividades na benemerência do ensino; o Ismael, do Alcides, comprazendo-se em acompanhar a mãezinha e a esposa, os filhos e descendentes com o amor que lhe conhecemos; o Jerônimo, sempre atraído para as boas obras de Palmelo; a Edalides, ainda presa a São Carlos; e muitos outros amigos do bem que, unidos, nos inspiram a felicidade de crer no amor fraterno e no trabalho sem qualquer ideia de recompensa. (...)"

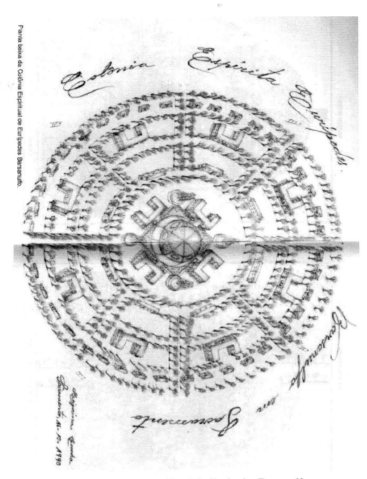

Planta da colônia espiritual de Eurípedes Barsanulfo.
Fonte: LUCIUS, 1994, p. 68.

Conclusão

Se você é espírita e um espírito de vanguarda, da Nova Era, quem sabe é hora de pensar em iniciarmos a educação espírita, como queria Kardec?

Educar as pessoas para que elas possam mudar seus ambientes, seus lares, suas ideias, sua rua, seu bairro. Educar as crianças, não com essa suposta "evangelização", que assume a ideia de que a criança é "má" e deve ser corrigida. Quem precisa se evangelizar somos nós, os adultos, os pais, para que possamos passar para a criança melhores sentimentos e exemplos. Para mim, em aula de evangelização infantil só deveria ter pais sendo educados, enquanto as crianças estariam brincando.

A criança, salvo raríssimas exceções, é ainda um ser puro, o "modelo do que aquele espírito deveria (e pode) ser", como disseram os espíritos a Kardec. Nós temos de observar e aprender com a criança, e não "evangelizá-la", como se fôssemos os corretos e ela, a errada.

Vamos deixar a criança desenvolver-se interiormente, evitando passar para ela vícios e comportamentos destrutivos, dando a ela o gosto do bem, do belo, da música e do divertimento sadio; incutir-lhe amor pela natureza e pelos animais, nossos irmãozinhos menores. Evitar que ela seja dirigida pela mídia e pelo consumismo, mas deixá-la desenvolver e fortalecer sua personalidade e suas opiniões e visão da vida.

Se podemos ensinar a criança e o adolescente, também podemos aprender muito ouvindo suas opiniões e comentários originais, que são, muitas vezes, contrários ao que pensamos.

E é só tendo essa liberdade de expressão garantida – o que não quer dizer que elas possam fazer tudo o que lhes der vontade –, é que elas poderão aplicar em suas vidas e nas nossas os conhecimentos que elas trazem do Espaço para ajudar no desenvolvimento da humanidade.

A fluidoterapia, por exemplo, é essencial para a criança, porque muitas já vêm com missões definidas na mediunidade e desde cedo são importunadas pelos irmãozinhos do passado, e o passe, sendo um fortalecimento energético, e ajudado pela estrutura espiritual de uma casa de caridade, seja ela espírita ou não, pode cortar certos laços e energias negativas que envolvem algumas crianças.

Voltando ao nosso Eurípedes, ele poderia ser Kardec só por um fato: ele realiza o que Kardec sempre sonhou, ou seja, uma educação espírita.

Ele traçou o rumo que Kardec gostaria que seguíssemos: praticar a caridade, mas não se esquecer de educar a todos, para que as coisas mudem na Terra. Mas a Terra não mudará se as massas sempre se mantiverem na ignorância. O que se manterá, se não houver educação, é um sistema em que há os supostos "bons", que "dispensam" assistência, de um lado, e os "sofredores", de outro, que já deveriam estar recebendo noções de como se reerguer e caminhar por si mesmos para ajudar os outros milhões que ainda estão na retaguarda.

Praticar a caridade significa, em última instância, livrar--se do egoísmo intrínseco ao ser humano, conforme se observa em Kardec (2004, p. 511-2, grifo nosso):

> **914. Fundando-se o egoísmo no sentimento do interesse pessoal, bem difícil parece extirpá-lo inteiramente do coração humano. Chegar-se-á a consegui-lo?**
>
> "À medida que os homens se instruem acerca das coisas espirituais, menos valor dão às coisas materiais. Depois, necessário é que se reformem as instituições humanas que o entretêm e excitam. **Isso depende da educação.**"
>
> [...]
>
> **917. Qual o meio de destruir-se o egoísmo?**
>
> "De todas as imperfeições humanas, o egoísmo é a mais difícil de desenraizar-se porque deriva da influência da matéria, influência de que o homem, ainda muito próximo de sua origem, não pôde libertar-se e para cujo entretenimento tudo concorre: suas leis, sua organização social, *sua educação*. O egoísmo se enfraquecerá à proporção que a vida moral for predominando sobre a vida material e, sobretudo, com a compreensão, que o Espiritismo vos faculta, do vosso estado futuro, real e não desfigurado por ficções alegóricas. Quando,

bem compreendido, se houver identificado com os costumes e as crenças, o Espiritismo transformará os hábitos, os usos, as relações sociais. O egoísmo assenta na importância da personalidade. Ora, o Espiritismo, bem compreendido, repito, mostra as coisas de tão alto que o sentimento da personalidade desaparece, de certo modo, diante da imensidade. Destruindo essa importância, ou, pelo menos, reduzindo-a às suas legítimas proporções, ele necessariamente combate o egoísmo.

"O choque, que o homem experimenta, do egoísmo dos outros é o que muitas vezes o faz egoísta, por sentir a necessidade de colocar-se na defensiva. Notando que os outros pensam em si próprios e não nele, ei-lo levado a ocupar-se consigo, mais do que com os outros. Sirva de base às instituições sociais, às relações legais de povo a povo e de homem a homem *o princípio da caridade e da fraternidade* e cada um pensará menos na sua pessoa, assim veja que outros nela pensaram. Todos experimentarão a influência moralizadora do exemplo e do contato. Em face do atual extravasamento de egoísmo, grande virtude é verdadeiramente necessária, para que alguém renuncie à sua personalidade em proveito dos outros, que, de ordinário, absolutamente lhe não agradecem. Principalmente para os que possuem essa virtude, é que o reino dos céus se acha aberto. A esses, sobretudo, é que está reservada a felicidade dos eleitos, pois em verdade vos digo que, no dia da justiça, será posto de lado e sofrerá pelo abandono, em que se há de ver, todo aquele que em si somente houver pensado."

Eu sei que há muita gente em situações desesperadoras e da importância do assistencialismo quando a pessoa está necessitada de tudo. Isso não deve parar e uma coisa não impede a outra. Por que sempre os extremos? Claro que a cabeça não pensa corretamente se o corpo está fraco, mas o cérebro não avança sem educação.

A assistência a crianças e jovens ou atividades no horário inverso da escola – por exemplo, no interior de nossos centros espíritas, que permanecem fechados quase o dia todo, seria a oportunidade para que essas crianças pensassem em outras coisas, tivessem ideias diferentes, em um ambiente cuidado e preparado pela Espiritualidade, onde elas podem receber benefícios incontáveis do mundo espiritual e também do contato com outras pessoas.

Não é preciso ser "espírito missionário" para essa tarefa. É só gostar de crianças e adolescentes e pensar em atividades e ambientes que possam exercer uma influência melhor do que a que eles têm em casa, onde muitas vezes convivem com pais drogados, bêbados, brigas constantes, deseducação pela televisão, que não é, por enquanto, educativa, lugares com pouca ou nenhuma estrutura, que não atuam positivamente sobre o espírito infantil e adolescente.

Caridade, amor ao próximo e educação! Eis aí a bandeira de Kardec (2004, p. 500; grifo nosso):

> **889. Não há homens que se veem condenados a mendigar por culpa sua?**
> "Sem dúvida; mas, se uma boa *educação moral* lhes houvera ensinado a praticar a lei de Deus, não teriam caído nos excessos causadores da sua perdição. Disso, sobretudo, é que depende a melhoria do vosso planeta."

Caridade material, como ranchos, sopas, e assistência ao irmão carente; socorro aos encarnados e aos desencarnados em nossas sessões de passes e desobsessão, mas também educação, que o mundo está precisando urgentemente.

Creches, pré-escolas, escolas como a de Eurípedes, de Divaldo, de primeiro e segundo grau, quem sabe? Se conseguirmos dar à família novas ideias, novos pensamentos, novas maneiras de se fazer as coisas; se conseguirmos dar aos pais mais ferramentas para compreenderem e educarem seus filhos, através do estudo de métodos de ensino e de educação comprovados; se conseguirmos que as crianças desenvolvam as suas potencialidades; se conseguirmos ajudar as crianças e os pais a serem mais felizes, saudáveis, bem dispostos e de mente aberta, estaremos melhorando certamente a qualidade de vida dessas famílias e da comunidade em que vivem, no rumo de melhores dias.

Trabalhando na caridade e na educação, estaremos nos passos de Kardec e de Eurípedes, e aí estaremos em boa companhia. Vocês não acham?

> Louváveis esforços indubitavelmente se empregam para fazer que a Humanidade progrida. Os bons sentimentos são animados, estimulados e honrados mais do que em qualquer outra época. Entretanto, o egoísmo, verme roedor, continua a ser a chaga social. É um mal real, que se alastra por todo o mundo e do qual cada homem é mais ou menos vítima. Cumpre, pois, combatê-lo, como se combate uma enfermidade epidêmica. Para isso, deve-se proceder como procedem os

médicos: ir à origem do mal. Procurem-se em todas as partes do organismo social, da família aos povos, da choupana ao palácio, todas as causas, todas as influências que, ostensiva ou ocultamente, excitam, alimentam e desenvolvem o sentimento do egoísmo. Conhecidas as causas, o remédio se apresentará por si mesmo. Só restará então destruí-las, senão totalmente, de uma só vez, ao menos parcialmente, e o veneno pouco a pouco será eliminado. Poderá ser longa a cura, porque numerosas são as causas, mas não é impossível. **Contudo, ela só se obterá se o mal for atacado em sua raiz, isto é, pela educação, não por essa educação que tende a fazer homens instruídos, mas pela que tende a fazer homens de bem. A educação, convenientemente entendida, constitui a chave do progresso moral.** [...]. (KARDEC, 2004, p. 514-5, grifo nosso).

Referências

BARSANULFO, Eurípedes (Espírito). *A grande espera*. [Psicografado por Corina Novelino]. São Paulo: IDE, 1991.

DENIS, Léon. *Depois da morte*. 3. ed. Rio de Janeiro: CELD, 2011.

_____ *O gênio céltico e o mundo invisível*. 3. ed. Rio de Janeiro: Léon Denis, 2008.

EMMANUEL (Espírito). *Ave, Cristo!* [Psicografado por Francisco Cândido Xavier]. Rio de Janeiro: FEB, 1953.

KARDEC, Allan. *A gênese:* os milagres e as predições segundo o Espiritismo. 17. ed. Rio de Janeiro: FEB, 1976.

_____ Correspondência inédita de Lavater com a imperatriz Maria da Rússia. *Revista Espírita*, Rio de Janeiro, ano XI, n. 3, p. 113-25, mar. 1868.

_____ *O céu e o inferno ou a justiça divina segundo o Espiritismo*. 57. ed. Rio de Janeiro: FEB, 2005c.

_____ *O Evangelho segundo o Espiritismo*. Rio de Janeiro: FEB, 2013.

_____ *O livro dos espíritos*: princípios da doutrina espírita. Rio de Janeiro: FEB, 2004.

_____ *O livro dos médiuns*. Rio de Janeiro: FEB, 2005b.

_____ *Obras póstumas*. 37. ed. Rio de Janeiro: FEB, 2005a.

KRELL, W. *Reflexos da vida espiritual*, Rio de Janeiro: CELD, 2002.

LUCIUS (Espírito). *Imagens do Além*. [Psicografado por Heigorina Cunha]. São Paulo: IDE, 1994.

LUIZ, André; LUCIUS (Espíritos). *Cidade no Além*. [Psicografado por Francisco Cândido Xavier e Heigorina Cunha]. São Paulo: IDE,

1999.

MIRANDA, Manoel Philomeno de (Espírito). *Tormentos da obsessão*. [Psicografado por Divaldo Franco]. Salvador: LEAL, 2001.

NOVELINO, Corina (Espírito). *Eurípedes*: o homem e a missão. [Psicografado por Francisco Cândido Xavier]. São Paulo: IDE, 2001.

RIZZINI, Jorge. *Eurípedes Barsanulfo, o apóstolo da caridade*. 9. ed. São Bernardo do Campo: Correio Fraterno, 2014.

RODRIGUES, Wallace Leal V. João Huss na história do espiritismo. *Anuário Espírita*, Salvador, ano X, n. 10, p. 75-85, 1973.

SANTOS, André. *Doma e treinamento do cavalo crioulo*. Porto Alegre, Martins Livreiro, 2013.

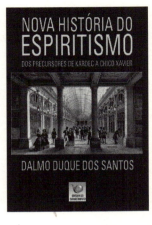

NOVA HISTÓRIA DO ESPIRITISMO
DOS PRECURSORES DE KARDEC A CHICO XAVIER

Dalmo Duque dos Santos

14x21cm – 584 páginas

Finalmente, depois de mais de 80 anos, o espiritismo e o movimento espírita são alvos de uma nova abordagem historiográfica. Diferente da obra clássica de Arthur Conan Doyle, publicada em 1926, que realçou a fase fenomênica e colocou Allan Kardec e o período filosófico em segundo plano, esta nova obra de pesquisa e reflexão pretende pôr fatos e personagens em seus devidos lugares. A razão do equívoco histórico é que Conan Doyle, como a maioria dos ingleses e norte-americanos de sua época, não fizeram, como fez Kardec, a distinção entre espiritualismo e espiritismo. Para ele, tudo era *spiritualism* e a reencarnação seria então apenas um detalhe dessa nova revelação. Mas a história mostrou o contrário: as idéias de Kardec tinham uma visão mais ampla e realista desses acontecimentos, e sua sistematização como ciência e doutrina filosófica sobreviveram ao tempo, enquanto as tendências do *spiritualism* se fragmentaram. Passaram-se quase 100 anos e o movimento espírita tomou rumos que nem o próprio Kardec imaginava: surgiram novas tendências, as naturais divergências e, como ideologia unificadora, a busca da convergência.

Essa segunda parte da história não foi contada por Conan Doyle. Nem poderia, pois a maioria dos acontecimentos marcantes ainda estava por vir, e bastante fora do contexto eurocêntrico da *Belle Époque*. Exemplos: o espiritismo desaparece da França no século 20 e explode no Brasil como opção religiosa de milhões de adeptos. A FEB e muitas outras entidades federativas regionais assumem a propaganda e as diretrizes do movimento, através da ação de inúmeros médiuns e influentes líderes espíritas, de múltiplas concepções e tendências sobre a filosofia espírita. Chico Xavier torna-se a figura mais expressiva do movimento, e sua obra literária brilha como a principal referência doutrinária em relação aos livros de Kardec.

AS FORÇAS NATURAIS DESCONHECIDAS
Camille Flammarion

14x21cm – 584 páginas

> Evitar habilmente um fenômeno, virar-lhe as costas, sorrindo, é deixar a verdade caminhar para a bancarrota.
> — Victor Hugo

Camille Flammarion foi um dos cientistas mais respeitados do século dezenove. Pesquisador incansável, comprometido acima de tudo com a verdade dos fatos, aproximou-se dos fenômenos mediúnicos, que ocupavam manchetes e auditórios naquela época, e de observadores sérios, como Allan Kardec. Participou do círculo de estudos do codificador e foi o escolhido para pronunciar o discurso de despedida, sobre o caixão mortuário de Kardec.

Seu propósito, ao escrever a obra *Forças Naturais Desconhecidas*, foi um só: demonstrar que tais fatos – mesas girantes e todo o repertório de fenômenos físicos que abundavam na época – eram reais, qualquer que fosse a origem por trás deles. "Obstino-me a somente dizer aquilo que sei, mas o digo. E se aquilo que sei pode desagradar, tanto pior para os preconceitos, a ignorância geral e o bom-tom das pessoas distintas".

O famoso astrônomo descreve aqui, de forma minuciosa, um vasto elenco de fenômenos, desde as experiências no grupo de Allan Kardec, as sessões realizadas por ele com a médium Eusápia Paladino, fatos registrados pela Sociedade Dialética de Londres, por William Crookes, e experiências e observações diversas. De todos esses fenômenos, conclui taxativamente: "Eles existem, são reais, e trata-se de forças naturais, embora desconhecidas da humanidade".

Esse registro histórico dos fatos, chamados erroneamente de sobrenaturais, é, pois, um documento precioso para se conhecer os primórdios do Espiritismo, o modelo das sessões experimentais da época, e os fenômenos físicos que abundavam naquela ocasião, para despertamento da humanidade.

A REENCARNAÇÃO DE ALLAN KARDEC
foi confeccionado em impressão digital, em março de 2018
Conhecimento Editorial Ltda
(19) 3451-5440 — conhecimento@edconhecimento.com.br
Impresso em Super Snowbright_b 70g. - Hellefoss AG